MW01634390

Priscilla Shirer

uno

en un millón

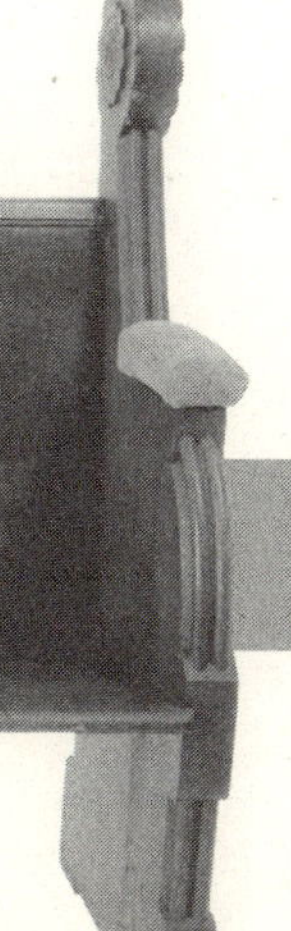

Uno en un millón
Copyright © 2010 por Priscilla Shirer
Reservados todos los derechos.
Derechos internacionales registrados.

Publicado por B&H Publishing Group
Nashville, Tennessee 37234

Ningún fragmento de este libro podrá ser reproducido de manera alguna sin permiso escrito de B&H
Publishing Group, excepto en el caso de breves citas en artículos de crítica o en resúmenes.

ISBN:978-1-4336-6850-0

Clasificación Decimal Dewey: 248.843
Subdivisión: Dios-Promesas \ Mujeres \ Vida cristiana

Publicado originalmente en inglés por B&H Publishing Group con el título
One in a Million. Copyright © 2010 por Priscilla Shirer. Todos los derechos reservados.

Traducción al español: Cecilia Romanenghi de De Francesco
Tipografía: Grupo Nivel Uno, Inc.

A menos que se indique otra cosa, las citas bíblicas se han tomado de la Versión Reina-Valera 1960,
©1960 por Sociedades Bíblicas en América Latina. Usadas con permiso.
Las citas bíblicas marcadas NVI se tomaron de la Nueva Versión Internacional,
©1999 por la Sociedad Bíblica Internacional. Usadas con permiso.
Las citas bíblicas marcadas LBLA se tomaron de La Biblia de las Américas,
©1986, 1995, 1997 por The Lockman Foundation. Usadas con permiso.

Impreso en EE. UU.
1 2 3 4 5 6 7 ≈ 13 12 11 10 09

Índice

Dedicado a Mary Elaine y a George
Gracias por señalarme el camino a la tierra prometida

Reconocimientos

Jerry, Jackson, Jerry Jr. y Jude, los amo. Gracias por permitirme cuidarlos y, además, escribir un poco.

A mi pastor, mi padre, el Dr. Tony Evans y a la familia de Oak Cliff Bible Fellowship; gracias por el fundamento teológico seguro y firme que me han dado desde que era niña. Todo lo bueno que Dios haga en mi vida tiene sus raíces en ustedes.

Al equipo de publicaciones de B&H. Jerry y yo estamos encantados de trabajar con ustedes. Estamos ansiosos por ver lo que el Señor hará.

Lawrence Kimbrough, ¿adónde te habías escondido? Estoy sumamente feliz de que Dios hiciera que nuestros caminos se cruzaran; en especial, porque me asombra la perfecta mezcla que tienes de habilidad para escribir y pasión por Cristo. Gracias por compartirlas conmigo.

A algunas de mis compañeras en el viaje a Canaán: Lisa, Shundria, Linda, Jill y Rachel. Hemos conversado sobre temas espirituales profundos. Gracias por escuchar. Debido a la relación que tienen con Dios, me he sentido desafiada, sacudida y… transformada para siempre.

Nota de Priscilla

LA OBSERVÉ. DURANTE DÍAS. SEMANAS. Meses que se convirtieron en años.

Esta mujer estaba llena del poder de Dios, Su gozo la inundaba y Su paz la consumía. Oía habitualmente la voz de Dios y la presencia del Señor se hacía evidente en su andar cotidiano. Oraba y luego creía. Esperaba y después veía. Pedía y entonces recibía.

Por lo tanto, la observé. Era esposa, madre, hija, hermana; una mujer común, con los mismos problemas y preocupaciones que yo; y sin embargo, su vida era diferente en muchos aspectos. Lo que yo más deseaba era lo que ella tenía, y estaba decidida a descubrir cómo conseguirlo. Nuestra primera conversación, frente a dos humeantes tazas de té, comenzó con una lluvia de preguntas. No podía evitarlo. Tenía mucha curiosidad en cuanto a su relación con Dios y quería saber cómo lo que había aprendido en el banco de la iglesia se había convertido en una realidad tan sorprendente en el sendero de su vida.

Aquella primera conversación llevó a otras más profundas e intrigantes que me mantenían en el borde de la silla. Con la mandíbula entre las manos, como una niña en la escuela, me empapaba de su sabiduría y me deleitaba cuando me imponía las manos y oraba. Se desarrolló una amistad que daba gusto, y enfrenté el desafío de ser una de las pocas que aceptaría confiar en Dios con una fe sencilla o conformarme con caminar de manera displicente con Él. Me vi obligada no sólo a oír hablar de Dios el domingo, sino a tener la expectativa de experimentar durante el resto de la semana lo que había aprendido sobre Él. Deseaba más de Él, más de Su Espíritu, más de Sus dones, más de Su fruto, más de Su poder y más de Su presencia manifiesta en mi vida.

Debo admitir que ha sido un viaje sorprendente; pero una vez que se estimuló mi apetito, no hubo vuelta atrás. Ya no hubo nada que hacer. La vida cristiana mundana ya no sería suficiente. Ni entonces, ni ahora, y por la gracia de Dios, nunca más.

Me encanta que me acompañes en este recorrido, porque la compañía siempre hace que cualquier viaje sea más divertido. En mi caso, esta expedición comenzó hace varios años y todavía sigue. El llamado de Dios para pasar de un cristianismo mundano a una experiencia radical con Él me ha llevado por caminos que, sinceramente, han sido bastante estrechos. No son muchos los viajeros que han escogido este trayecto. Pareciera que no han cambiado mucho las cosas en dos mil años, porque siglos atrás, aproximadamente dos millones de judíos emprendieron un viaje con Dios que sólo dos completaron. El antiguo Israel fue liberado de Egipto y tuvo la oportunidad de experimentar la leche y la miel prometidas por Yahvéh. Sin embargo, sólo dos personas de aquella multitud original pisaron el suelo de Canaán.

Es una proporción sorprendente. Dos en dos millones.

Mmmm…

Uno en un millón.

Creo que sé por qué muchos deciden no andar todo el camino con Dios. Por cierto, yo misma he estado en esa categoría muchas veces. Es más fácil permanecer en el camino principal donde hay más gente y menos inseguridad. Además, el viaje no es fácil cuando te vas en dirección a la vida abundante. Aunque me gustaría decirte que el sol ha brillado en cada etapa de este viaje y que las brisas frescas de la comodidad me han rozado la cara sin incidentes, no puedo hacerlo. Por el contrario, algunas veces, he tenido que refugiarme de las tormentas que suele traernos la vida. En alguna ocasión, he tenido que susurrar una oración pidiendo ayuda cuando la soledad llamó a mi puerta para quedarse durante un tiempo. Cuando me he encontrado con otros viajeros dispuestos a hacerle frente a estos caminos sinuosos, nuestras miradas se han cruzado y se ha creado una conexión instantánea entre los corazones. Sin tener que usar muchas palabras, nos hemos alentado mutuamente para continuar.

Cuando comencé este viaje, pensé que sabía adónde me llevaba Dios, pero cada etapa me ha conducido a un territorio que nunca antes había visto. A veces, es apasionante, y otras, desalentador. De todos modos, es un viaje que me gustaría hacer contigo.

No puedo garantizarte mucho, pero sí decirte con absoluta confianza que no te aburrirás. Los caminos de Dios son demasiado inusuales y misteriosos como para que el aburrimiento sea siquiera una opción.

Hasta aquí, ha sido un viaje sorprendente, y no quiero descubrir sola lo que viene a continuación. En las páginas de este libro, atravesaremos territorio espiritual que abarcará picos montañosos y valles profundos, lomas cubiertas de césped y áridas dunas, pero el viaje vale la pena. Al dar vuelta cada página, tú y yo daremos un nuevo giro. Lo que encontremos al tomar una curva hará que sonriamos desde lo profundo de nuestras almas, mientras que otros giros producirán una profunda convicción que nos harán caer inmediatamente de rodillas. En cualquier caso, el precio de la vida abundante hará que el viaje valga la pena. Entonces, abróchate el cinturón de seguridad y lleva una bebida para este recorrido. Estás a punto de realizar el viaje de tu vida.

Con el deseo de hacer este viaje contigo,

Priscilla

EL VIAJE
A LA TIERRA PROMETIDA
Mar Mediterráneo
CANAÁN
Río Jordán
Jericó
Mte. Neb
Planicie de Filistea
Cades-barnea
Sucot
Etam
Desierto
de
Parán
Mara
Elim
Refidim
Desierto
de Sin
Río Nilo
Mte. Sinaí
(Horeb)
EGIPTO
Mar
Rojo

Primera parte:

La liberación

El ladrón no viene sino para hurtar y matar y destruir; yo he venido para que tengan vida, y para que la tengan en abundancia.

JUAN 10:10

CAPÍTULO 1

Ansias de Canaán

TENÍA DIEZ AÑOS. TODAVÍA PUEDO oír el estruendo de alabanza que aquel día resonaba en el pequeño edificio de nuestra iglesia. Lo recuerdo todo: la mujer parada frente a nosotros durante la reunión de testimonios, con su traje dominguero acompañado de zapatos de taco alto y cartera haciendo juego, su sombrero con plumas, atrevido, pero de exquisito buen gusto, muy parecido a los demás que se veían aquí y allá en nuestra pequeña iglesia tradicional afroamericana.

Todavía puedo ver el coro, con sus túnicas granate ribeteadas en blanco, que se levantaba en respuesta a sus palabras y se mecía al ritmo de un conmovedor himno. Puedo ver la expresión en los rostros de las personas mientras aplaudían o movían sus manos y estallaban en adoración. Lo único que el tiempo ha borrado de mi memoria son los detalles específicos de la historia que ella contaba, alguna situación desesperada en que se había cansado de pelear con su propia fuerza y había decidido obedecer la voz de Dios, para luego ser testigo de Su respuesta a través de un milagro que superaba todo lo imaginable.

Pero tal vez esté bien que no pueda recordar todos los intrincados detalles de la historia de esta mujer de la congregación, porque eso no es lo que realmente importa. Es la fe que ejerció, y el Dios que actuó a su favor, lo que aun hoy se aplica a cualquier situación, a cualquier persona, a cualquier lugar y a cualquier momento.

A cualquier edad. Incluso a los diez años.

Por supuesto, los problemas de mi niñez no eran nada comparados con los que había enfrentado esta mujer, ni con los de otros adultos que asistieron aquel día, con sus pesadas cargas y sus preocupaciones propias de su edad. Pero, de todos modos, mis problemas eran mis problemas; y de repente supe, mientras esta mujer hablaba y la congregación estallaba de gozo, que mi Dios también se preocupaba por mí y por mis asuntos. El Señor quería que lo experimentara de manera tan tangible como ella lo había hecho.

Casi sin darme cuenta, había dejado el viejo banco familiar y me había puesto de pie de un salto para unirme a los otros que aplaudían y se regocijaban, completamente sobrecogida ante la grandeza de Dios, con el deseo de tener un testimonio como el de esa mujer.

Pero ¿cómo podía lograrlo? Ella hablaba de orar pidiéndole a Dios que actuara, y después esperar con absoluta confianza porque Él había oído esa petición y respondería a su necesidad. Yo no estaba segura de confiar en Dios con esa clase de certeza.

Ella hablaba de un Dios del cual no sólo había leído y oído, sino al que había experimentado, al que conocía de vista y por evidencias de primera mano. ¡Yo quería eso mismo! Deseaba verlo en mi andar diario, tal como ella lo había descrito. Pero lo cierto era que no conocía a Dios de ese modo.

Ella decía que había oído claramente la voz de Dios. Yo nunca la había oído. Al menos, hasta ese momento. Sin embargo, con la misma certeza con que me encontraba allí, confundida en mi interior mientras lo alababa exteriormente, mi Dios bajó de los cielos, hundió Su dedo en las profundidades de mi ser y comenzó a despertar en mí el deseo de tener una relación verdadera con Él; no sólo en la eternidad, sino aquí mismo, en este momento de la historia. Mi corazón lo sabía. Era Dios que me tomaba de la mano y me invitaba a experimentarlo en toda Su abundancia. Estaba pidiéndome que tuviera fe, como la de esa mujer. Fe en que el cristianismo podía significar más de lo que había imaginado. Fe en que podía oír de veras Su voz, conocer Su poder, vivir mediante Su Espíritu y relacionarme con Él como había escuchado decir a tantos mientras estuve sentada en aquel banco. Aquel viejo banco familiar. Aquel lugar donde durante diez tiernos años me habían dicho quién era Dios y cómo era.

No era una mera charla. ¡Era verdad!

Y por primera vez en mi vida, lo supe.

Pero, *con el tiempo*, lo perdí. Los altibajos de los siguientes 20 años disminuyeron la pasión que había sentido alguna vez por seguir a Cristo, las ansias que había tenido de ser un testimonio audaz y brillante de Su poder y gloria. Debido a las decisiones que tomé y a las circunstancias que surgieron, la relación vital con Dios que había anhelado tener solía ser nada más que un ansia apagada en un alma inestable. El fuego en mi interior corría peligro de apagarse. Pero el Sabueso celestial me amaba demasiado como para dejar que mi llama se extinguiera, tal como te ama a ti y anhela llevarte de vuelta al lugar donde tal vez lo abandonaste. Entonces, cuando estaba por cumplir 30 años, mucho tiempo después de aquel encuentro sagrado en aquel banco, Dios me recordó otra vez lo que me había dicho antes.

Una mejor manera de avanzar

Era diciembre de 2004. De algún modo, aun siendo joven, Dios me había confiado un ministerio creciente, real y que parecía causar un impacto (aunque no estaba segura de su efectividad). Mi amada tía Elizabeth me había dado un libro para leer. Y vaya si lo leí, ¡dos veces, de tapa a tapa!, durante la semana entre Navidad y Año Nuevo. A través de las sabias y hábiles palabras de ese autor, Dios me decía que un ministerio efectivo nunca puede medirse por el tamaño de la audiencia, por la cantidad de libros que yo hubiera escrito ni por la aclamación de las multitudes, sino sólo por las vidas transformadas en tanto que el Espíritu de Dios reposara sobre mí. Una vez más, me decía: «Sí, Priscilla, puedes ser un instrumento a través del cual otros me encuentren, pero sólo en la medida en que *tú* me encuentres a mí».

En cada página que pasaba, la voz de Dios se oía un poquito más fuerte, se tornaba más clara, me invitaba con más insistencia. El Señor había esperado con tanta paciencia durante mis períodos de rebelión, de duda, sobre los picos de las montañas y en lo profundo de los valles, por las colinas cubiertas de césped y los áridos desiertos de arena, haciéndome volver una y otra vez al tema que me había presentado aquel día, en aquel banco.

La convicción de mi necesidad espiritual me puso de rodillas. Le rogué que me revelara si Su poder y Su presencia estaban verdaderamente conmigo mientras viajaba, daba conferencias, y escribía libros y estudios bíblicos. De allí en más, ya no podían ser sólo palabras. Debía ser algo real. Otras vidas dependían de ello. *Mi* vida dependía de ello.

Había llegado la hora. Lo sabía.

Y Él estaba a punto de probarlo.

Aquel enero fuimos a California para celebrar nuestro primer evento ministerial de 2005. Consumida todavía por el tema de mis recientes conversaciones con Dios, durante el fin de semana hablé tres veces a un grupo de unas 600 personas. Cuando terminó la última sesión, comenzó a formarse frente a mí una hilera de asistentes que pasaban a despedirse antes de regresar a sus casas.

Mi visión periférica captó a una mujer que estaba parada allí, pacientemente esperando que la hilera terminara. Por fin, caminó hacia mí, se acercó, y dijo en voz baja: «He sido liberada». Bajó la cabeza durante un segundo y luego se secó nerviosamente una lágrima. Levantó nuevamente la vista, y me dijo: «Priscilla, he mantenido una relación lesbiana durante dos años. Vine a este retiro con un grupo de mujeres de la iglesia, pero ellas no saben de mi lucha. Anoche, después de su mensaje, regresé a mi habitación y clamé al Señor, y Él salió a mi encuentro de una manera que casi no puedo describir. El deseo por esa relación equivocada se fue. ¡Desapareció! No sé qué decir, sólo que... cuando pienso en eso ahora, me da vuelta el estómago. Dios es real. Lo sé con seguridad». Me dio un fuerte abrazo y se fue.

Quedé pasmada y seguía mirándola mientras se alejaba por el salón del hotel cuando cuatro muchachas se me acercaron —todas muy modernas, de unos veintitantos años, ardorosas y llenas de vida— para preguntarme si podían llevarme a almorzar antes de irme de la ciudad. Como tenía varias horas de espera y no había salido del predio del hotel desde que había llegado, acepté.

Dimos un hermoso paseo por las montañas de Monterey y terminamos en una cafetería con vista a un brillante espejo de agua. Disfrutamos de buena comida y de una conversación en torno al Señor durante un par de horas. Entonces, la hermosa morocha sentada frente a mí en la mesa redonda tomó su servilleta de tela blanca y comenzó a secarse los ojos. Cuanto más se secaba, más lágrimas comenzaban a caer. La otra amiga la miró con comprensión y luego extendió el brazo para palmearle el hombro. «Adelante, dile», susurró.

Durante un momento más, la joven siguió mirando fijamente el plato vacío, y luego comenzó a hablar. «Desde hace mucho tiempo, tengo un problema alimenticio. De hecho, este es el primer plato de comida que he terminado y disfrutado de verdad en doce años. ¡No puedo creerlo! Anoche, durante la reunión, el Señor hizo algo increíble en mí, ¡y esta es la prueba! No he dormido bien de noche en años, porque siempre pasaba las dos primeras horas pensando en cada gramo de grasa y en cada caloría que habían pasado por mi boca aquel día. Pero anoche, dormí como un bebé. No veo la hora de regresar a casa y contarle a mi esposo que ¡soy libre!».

Un escalofrío me recorrió la columna. Esto era lo que siempre había deseado para mi vida y mi ministerio. Lo que había ansiado cuando era una niña cristiana de diez años, sentada en aquel banco de la iglesia de mi infancia. Al mismo tiempo que estos encuentros con Dios habían bendecido a estas mujeres, también eran una respuesta directa a mi oración.

De niña, le había pedido al Señor que me permitiera oírlo y experimentar Su presencia. De joven, le había rogado que me mostrara que era más que una oradora y una escritora; que Él se movía, obraba y penetraba verdaderamente en la vida de los demás a través de mí. Y ahora, en la quietud de mi corazón, en una cafetería de la costa oeste de los Estados Unidos, el Señor me decía que si permanecía pegada a Él, no sólo vería Su poder en acción en la vida de otros, sino también en la mía.

No eran meras palabras. ¡Era verdad!

Y aquí la tenía, sentada justo frente a mí.

Así que, he aceptado el ofrecimiento del Señor de iniciar este viaje hacia la vida abundante, dejando atrás el cristianismo externo y nominal. Y nunca he mirado hacia atrás, a no ser hacia el lugar donde una niña de diez años estaba sentada en un banco de iglesia, preguntándose si Dios podía convertir a una pequeña como yo en alguien que viviera realmente como los demás decían.

Él lo hizo y lo hace. Además, cada vez que otro de Sus hijos le pide lo mismo, lo hace, lo vuelve a hacer y lo sigue haciendo.

Vivir en la tierra prometida

Leche y miel.

A Jude, mi pequeño bebé, le encanta la leche de su mamá, y nos lo hace saber cada vez que me retraso un poquito en dársela. Mis hijos mayores, Jackson y Jerry Jr., también disfrutan de un vaso de leche tibia antes de irse a dormir, para calmarse y lograr entregarse al sueño sin que parezca algo tan amenazador.

Sin embargo, aunque la leche sea buena cuando se vierte sobre el cereal de la mañana y refrescante cuando se la toma fría, recién sacada del refrigerador, la mayoría de nosotros no se despierta pensando en lo grandiosa que será esa primera leche matinal.

Pero, que alguien se interponga entre mí y mi taza de té caliente matutina, cuando está endulzado con una rica cucharada de miel... es probable que salga herido. La leche puede ser necesaria, pero lo que me encanta es la miel.

Por eso, me alegra que Dios no les haya prometido a los israelitas una tierra que sólo fluyera leche, como también me alegra que Jesús no se haya detenido, en Juan 10:10, diciendo meramente: «Yo he venido para que tengan vida». La vida es buena, tal como la leche; pero la que Jesús vino a dar es mucho más que buena. No es sólo una vida buena; es una vida grandiosa, la clase de vida que desea que experimentemos «en abundancia».

Nuestro Dios es, por cierto, un Dios de abundancia. Dondequiera que vayas en la Biblia, nunca estarás lejos de algún lugar donde se mencione Su deseo de ir más allá de todo.

- Mi Dios les proveerá de todo lo que necesiten, conforme a las «gloriosas riquezas» que tiene en Cristo Jesús (Fil. 4:19, NVI).
- Él puede iluminar nuestros corazones con «gozo inefable y glorioso» (1 Ped. 1:8).
- La mujer del Cantar de los Cantares lo veía como «¡todo un encanto!» (5:16 NVI).
- Él prometió hacer «sobreabundar en bienes» a Su pueblo, en la medida en que le obedecieran (Deut. 28:11).
- Hasta al hijo pródigo le ofreció el «mejor vestido» y el «becerro gordo» (Luc. 15:22-23).
- Nos ha bendecido con «toda bendición espiritual en los lugares celestiales» (Ef. 1:3).· Él ha hecho «sobreabundar para con nosotros» las «riquezas de su gracia» (Ef. 1:7-8).
- A David le costó mucho encontrar las palabras para describir Su «gran amor» (Sal. 36:7, NVI).
- Se dice que Su nueva Jerusalén tiene puertas de «perlas» y calles de «oro puro» (Apoc. 21:21).

Por lo tanto, no estamos hablando de un Dios que es ahorrativo en Sus gustos o mezquino en Sus regalos. Por el contrario, Él está sentado en el borde de Su asiento para darnos más de lo que «pedimos o entendemos» (Ef. 3:20). Pan y vino. Leche y miel. Vida y (justo cuando pensabas que poseías todo lo que Él tenía para ofrecer)... vida *en abundancia.*

Confianza: la dulce seguridad de que tu vida está anclada en la posición correcta con Dios. ¿Puedes imaginarlo? La culpa y la condenación ya no te persiguen más, sino que tienes una vida plena con la deliciosa sensación que trae el perdón de pecados.

Gozo: no porque las pruebas y las dificultades hayan cesado, sino sólo porque has sido librado por gracia de la necesidad de revolcarte en la preocupación o de inquietarte incesantemente por todos los detalles.

Discernimiento: al estar tan saturado de la verdad de Su Palabra y con los sentidos espirituales cada vez más afinados para reconocer Su voz, puedes tener claridad respecto a Su dirección, aunque no sea el camino más fácil de tomar.

Anticipación: un entusiasmo que ninguna circunstancia puede opacar, ningún contratiempo puede silenciar y ninguna duda puede sofocar. Tan sólo sabes que Dios está activo y se propone hacer algo milagrosamente especial, justo donde tú vives.

Energía: una pasión y un arrojo que han sido redirigidos al dejar búsquedas mundanas inservibles o que incluso hayan resucitado de la muerte total para convertirse en un deseo renovado de vivir con Jesús.

Por supuesto, hay mucha leche en lo que Dios tiene para ofrecer. Mucha profundidad y contenido, y fibra basada en la fe. Sin embargo, no es tan sólo una vida de conocimiento bíblico y de escuela dominical. Es una vida llena de colores, texturas y oportunidades inesperadas. Es miel; una vida realzada por todos los jugosos sabores de la tierra prometida, que satisface profundamente, pero que, ah… es tan dulce.

Me recuerda un poco al almuerzo de Navidad que disfrutamos cada año con mi madre, mi hermana y el resto de nuestras parientes cercanas. Todos los años, vamos al mismo lugar —el *Zodiac*—un restaurante local pintoresco y también de estilo, perfecto para una reunión festiva como la nuestra. La decoración navideña está lista, la vajilla sobre las mesas, los lugares preparados con un encanto impecable. Pero, en cuanto llegamos y tomamos asiento, incluso mientras los suculentos aromas de la cocina nos rodean, a cada una nos sirven una pequeña taza de caldo. Nos dicen que lo disfrutemos; está pensado para limpiar nuestro paladar. Y aunque verdaderamente sabe muy bien, *no* es a lo que hemos venido. Si el caldo es todo lo que nos dan, me voy desilusionada. Los aperitivos no son suficientes para satisfacerte, no cuando el plato principal está claramente al alcance.

Es una pena que tantos creyentes estén satisfechos con el caldo, en especial cuando la vida cristiana nominal y la asistencia a la iglesia sólo tienen como propósito limpiar tu paladar para que disfrutes del verdadero festín. Sospecho que estás tan hambriento como yo por acceder a todo el banquete que Él ha planeado: una experiencia complaciente, deliciosa y abundante de vida llena de leche y miel.

Si esto es el «adicional» que te está faltando en tu dieta cristiana, me encantaría que te unas a mí en este viaje, ya que busco lo mismo que tú: una experiencia con el Dios del cual he pasado años aprendiendo. Los hijos de Israel estuvieron esperando 40 años porque no se desprendieron de los sabores de Egipto. Gustos por comidas que no iban más allá de un poco de caldo. Ojos que seguían mirando hacia atrás en lugar de ver hacia arriba y adelante.

Pero no todos siguieron con un pie atascado en el pasado mientras trataban de extenderse hacia un futuro nuevo y osado con Dios. Hubo dos (de dos millones) que sabían que Canaán abundaba tanto en bienes como en prosperidad. Cuando todos los demás evocaban el ayer o insistían en los problemas del momento, hubo dos (sólo dos) que no estuvieron dispuestos a conformarse con nada menos que lo que se les había prometido.

Este libro es nuestra oportunidad de ir con ellos. La oportunidad de ser «uno en un millón», de atreverse a creer lo que Dios ya ha otorgado; de estar entre los pocos que se atreven a sentirse insatisfechos con un cristianismo estancado; de caminar hacia una experiencia que Él espera que todo Su pueblo disfrute. La oportunidad de ser suyos, según Sus términos, pero también según Su escala de recompensa.

Si Dios tiene algo para mí que estoy resistiendo de alguna forma o perdiéndome, suspendo lo que estoy haciendo y me voy con Él. Y a menos que mis antenas no estén bien dirigidas, pienso que esto es lo que tú también quieres. Averigüemos juntos cómo se supone que es la vida en la tierra prometida y lo que se siente, y juntos descubriremos el camino que nos lleve allí.

¿Tienes hambre? Yo también.

Tú y yo, nosotros y Él

Tengo una sencilla meta para ti y para este libro: Quiero que el banco de la iglesia se traslade a tu vida cotidiana. Quiero que lo que oyes, ves y crees el domingo sea lo que oigas, veas y experimentes durante toda la semana. Es posible. Se supone que debe serlo. Cualquiera que sea la distancia que te separe de lo que la Biblia dice que es verdad o de lo que el Espíritu testifica que es posible puede desaparecer. Todo puede ordenarse. Tienes la posibilidad de vivir mucho más de lo que la rutina de la vida diaria te permite.

Créeme, sé lo que es creer una cosa y experimentar otra; decir que sirves a un Dios sobrenatural y, sin embargo, no tener experiencias personales que puedas señalar como sobrenaturales. Sé lo que se siente cuando la abundancia que deseas se encuentra a mucha distancia de la que disfrutas. Pero, por más difícil que sea decirlo —o admitirlo—, debemos ser sinceros respecto a por qué sucede tal cosa. Y aunque cueste mucho solucionarlo, debemos estar dispuestos a ir, a desearlo, a deshacernos de lo que sea para poder entrar.

Entonces, si esto es lo que anhelas, ¿por qué no nos sentamos juntos como dos amigos en el banco de una iglesia, dedicamos un tiempo para ver qué significa, cuánto cuesta y cómo se verán las cosas cuando suceda? Tenemos muchas páginas por delante y nada que nos impida descubrir todo lo que Dios desea mostrarnos.

Desde los diez años, he esperado para pasar este tiempo contigo. Pienso que a Dios le gustaría que supiéramos que nuestra espera ha terminado.

*Estad, pues, firmes en la libertad con que Cristo nos hizo libres,
y no estéis otra vez sujetos al yugo de esclavitud.*

GÁLATAS 5:1

CAPÍTULO 2

La huida de Egipto

EL CIRCO HABÍA LLEGADO A la ciudad, y mis niños habían ido a ver sólo una cosa: los elefantes. Sin embargo, cuando el espectáculo de dos horas terminó, para ellos no había sido suficiente. Por eso, cuando subimos al auto y nos alejamos del área del evento principal, lanzaron chillidos de placer al localizar un elefante solitario comiendo detrás de una de las tiendas del circo. Nos acercamos todo lo que pudimos a esa enorme criatura, bajamos las ventanillas y quedamos embobados al ver semejante animal parado tan próximo a nosotros, justo detrás de una cerca provisoria.

Entonces, mi pequeño de tres años preguntó lo que probablemente todos estábamos pensando: «¿Cómo un elefante tan grande no tira abajo esa cerca y se escapa?».

Buena pregunta. Era evidente que una bestia tan grande tenía la fuerza suficiente como para derribar una empalizada como esa, sin hacer mucho esfuerzo. Cualquiera pensaría que hasta un elefante tonto tendría que saber que afuera hay cosas mucho más atractivas de las que estaba experimentando allí dentro, llevando con la trompa a la boca el mismo alimento, comida tras comida y día tras día. Si tan sólo hubiera tenido conciencia de la increíble fuerza que Dios le había dado y de lo débil que era, en comparación, la barrera que le impedía estar al aire libre; libre para tocar y probar, para andar de un lado a otro y disfrutar.

Deberíamos hacernos la misma pregunta que hizo Jerry Jr. sobre los elefantes y aplicarla a las ovejas. ¿Por qué nosotros, como pueblo de Dios —con tanto poder divino y tanta capacidad interior—, no derribamos los límites que nos impiden experimentar la plenitud de una relación abundante con Él? ¿Qué nos impide atravesar las barreras que nos separan de la libertad?

De verdad me lo pregunto.

Sabes a qué me refiero. Oyes a otras personas que hablan de lo vibrante que es su andar con Cristo, pero tal vez tu experiencia sea, en el mejor de los casos, la más irregular y errática, de arrancar y detenerse. Lees promesas tan poderosas en la Palabra, te comprometes vez tras vez a aplicarlas en tu vida, pero parece que nunca puedes llegar a ver que se cumplan. ¿Qué sucede? ¿Estás demasiado asustado? ¿Es demasiado arriesgado? ¿Demasiado difícil? ¿Demasiado desconocido? ¿Por qué te quedas detrás de la cerca si todo lo que quieres para tu vida cristiana te espera del otro lado? ¿Qué te impide atravesar las barreras que te separan de la libertad?

Justo antes de irnos del circo, descubrimos qué era lo que detenía al elefante para no atravesar esas barreras. Mientras se balanceaba levantando un pie y el otro, un ruido metálico me llevó a mirar el tobillo izquierdo del animal, donde dos pernos sostenían una cadena unida a un grillete alrededor de su pata. Dos pernos, eso era todo. En un animal tan gigantesco, este aparato no significaba mucho más que una tobillera metálica. Con un movimiento rápido, podría haber roto fácilmente los dos pernos y caminar libremente.

En realidad, no era la cerca lo que lo mantenía dentro. Era tan sólo una cadena... además de una historia de conformarse con menos.

Descubrí que a los elefantes que se entrenan para los circos se los encadena cuando son bebés. Como todavía no son lo suficientemente fuertes para liberarse de sus grilletes, con el tiempo, se cansan de intentarlo y, lentamente, aprenden a adaptarse a una vida confinada por las limitaciones. Entonces, cuando llega el momento en que serían capaces de arrancar la cadena y salir corriendo, se han acostumbrado a un mundo que no se extiende más allá del largo de esos eslabones. Luego de meses y años de estar así, no se necesita más que una delgada cadena para mantenerlos atados, sin esperanza, en un mismo lugar; tan cerca de la libertad y, sin embargo, tan lejos.

Existe un gran parecido con las generaciones de israelitas que nacieron en Egipto, donde Faraón, intimidado por el crecimiento de ese pueblo y su potencial poder, los ató durante 370 años a una correa de esclavitud cada vez más tirante. Se habían vuelto como el elefante del circo: suficientemente grandes en cuerpo como para resistir, pero demasiado débiles en mente y espíritu como para hacer mucho al respecto. Si Moisés deseaba conducirlos alguna vez más allá de los límites de Egipto u ofrecerles alguna esperanza de entrar a la tierra de la promesa con Dios, primero había que ocuparse del grillete que los sujetaba: perno número uno; luego, perno número dos.

Aquí es donde comenzamos a compartir nuestro viaje.

Esclavos del pecado

En un comienzo, Israel había entrado en Egipto en términos amigables, cuando Dios había colocado soberanamente a un extranjero llamado José en un lugar clave de liderazgo en el gobierno egipcio. Pero, aunque al comienzo fueron tratados bien, nada podía cambiar la realidad de que estuvieran viviendo en territorio enemigo. Cuando «hubo un nuevo rey en Egipto, que no había conocido a José» (Ex. 1:8), la cadena de la esclavitud se convirtió en el lógico paso siguiente, una decisión política que era tan simple de poner en práctica como de calcular. Luego de 400 años de opresión, generaciones completas de israelitas habían nacido en la esclavitud y no conocían ninguna otra forma de vida.

Es fácil encontrar la conexión entre los israelitas en Egipto y nuestra experiencia de hoy. La tipología bíblica nos permite considerar muchos sucesos del Antiguo Testamento como patrones que adquirieron su máximo significado en el Nuevo. Por ejemplo:

- *Faraón* se correlaciona con el rol de Satanás.
- *Egipto* es equivalente a una vida de esclavitud al pecado.
- *Moisés* es un precursor de Cristo y de la liberación provista por Él.
- *Canaán* representa la abundancia de vida en Cristo.

Entonces, al mirar hacia atrás, a la esclavitud de Israel, vemos muchas similitudes con la nuestra. Como sucedió con los israelitas, cada uno de nosotros nació con una cadena con dos pernos que nos mantenía alejados de cualquier oportunidad de experimentar la libertad y la vida abundante. Los pernos son una *persona* y un *lugar.* Esto es todo lo que hemos conocido. La vida encadenada era lo normal. Comenzamos a pensar que eso era todo lo que había, que así debían ser las cosas, como lo eran para todos los que nos rodeaban. Al igual que los egipcios esposados sin esperanza en Egipto, como un elefante bebé sujeto por un grillete demasiado fuerte para arrancarlo, llegamos a este mundo impedidos por una cadena sujetada con dos poderosos pernos, asegurados con demasiada firmeza como para que la fuerza de voluntad humana los rompa. Se le han dado una cantidad de apelativos y de excusas diferentes, pero, al final, aprendimos a conocerlo por un nombre, que para ser tan pequeño tiene un impacto tremendamente fuerte.

Pecado.

Gracias a Dios que nos permitió saber lo que era, aunque algunos se acobarden al hablarnos de él. Los fogosos predicadores de antaño eran famosos por gritar a voz en cuello sermones sobre el pecado, sin pelos en la lengua para hablar sobre la seriedad del tema. Pero muchos asistentes a las iglesias de nuestros días han estado recibiendo una dieta espiritual mucho más liviana. Algunas de nuestras congregaciones, ministerios y mensajes de hoy prefieren los temas que tienen más probabilidad de atraer a una multitud, sermones con menos posibilidad de generar una controversia o de hacer que la gente se sienta mal. Pero, en tanto que danzamos alrededor del tema, incómodos con lo que implica la palabra, hay millones que quedan confinados a espiar a través de la cerca, a arrastrar esa vieja cadena y a regresar a su comida insípida, sin probar jamás las delicias del exterior. Sucede sencillamente que la plenitud y la abundancia nunca se convertirán en una experiencia humana, hasta que se quite el grillete del pecado.

Algunos pueden pensar en la cadena como un mero problema que se debe vencer, una cuestión de identidad a resolver. Sin embargo, la Biblia lo llama pecado y lo declara una maldición ineludible. El primer perno que debe aflojarse en la cadena es la *maldición* del pecado. Aunque Adán y Eva nacieron en condiciones ideales, disfrutando de una perfecta relación con Dios y de una total libertad para llegar a ser todo lo que Él tenía en mente al crearlos, su decisión de pecar trajo como resultado una cadena que pasó a cada uno de sus descendientes: nosotros. «La muerte pasó a todos los hombres, por cuanto todos pecaron» (Rom. 5:12).

Pero sabemos que ese no es el final de la historia.

«Pues si por la trasgresión de uno solo reinó la muerte, mucho más reinarán en vida por uno solo, Jesucristo, los que reciben la abundancia de la gracia y del don de la justicia» (Rom. 5:17).

El poder del pecado se rompió a los pies de la cruz. Nosotros no podíamos romperlo por nuestra cuenta, así como los hijos de Israel tampoco pudieron negociar su pacto de liberación. La única manera de poder quedar libres de Egipto era a través del libertador que llegaría. Lo mismo sucede con nosotros. Como dice Romanos 5:17, no somos nosotros los que salimos a tratar de encontrar liberación, sino que «recibimos» la abundancia de la gracia de Cristo, Su don de rectitud, Su habilidad para caminar libres de la esclavitud del pecado. En el Antiguo Testamento, Yahvéh envió a Moisés para guiar a Su pueblo hacia una vida de libertad. En el Nuevo, envió a Su Hijo Jesús para ofrecérnosla a nosotros.†

Ese es el perno número uno en la cadena —la *maldición* del pecado—, roto eternamente en el ámbito espiritual, que nunca volverán a colgar de nuestro cuello. ¡Ha desaparecido! ¡Todo está bien! ¡Y todo lo hizo Jesús!

Esto significa poseer *santificación posicional*. Estas palabras grandilocuentes básicamente se refieren a que, como creyentes, vivimos en una *posición* apartada, cubiertos por la santidad y la rectitud de Dios, un lugar seguro de donde nada ni nadie puede desalojarnos, ¡ni siquiera nosotros mismos! Tenemos salvación eterna en los brazos de Jesús, posicionalmente santificados, librados de la *persona* de Satanás así como los israelitas fueron liberados legalmente de la persona de Faraón.

Por lo tanto, si decidimos aceptar el don de gracia de Cristo al poner nuestra fe en Él y en Su obra consumada en la cruz, ahora podemos disfrutar día a día de una total libertad, satisfacción y abundancia. Como Adán y Eva en su perfecto Edén, tenemos la posibilidad de experimentar la vida cotidiana en la suprema tierra prometida, donde todo es leche y miel, e intimidad con nuestro precioso Señor y Salvador. Sentimos Su gran poder que corre por nuestras venas. Nunca dudamos, ni por un minuto, de Su presencia. Tal vez debamos esperar para el cielo, pero es como tener el cielo en la tierra hasta que lleguemos allí.

¿No es cierto?

Enredos en cadena

No precisamente. Resulta que existe una gran diferencia entre *ser* libre y *vivir* en libertad. Lo primero requiere nuestra aceptación del precioso don de Dios para que deshaga el poder del pecado en nuestras vidas, ya que la maldición recae sobre nosotros desde el momento en que somos concebidos. Pero lo otro exige una continua dependencia del Espíritu Santo para que nos ayude a vivir en obediencia al Señor. La *maldición* del pecado, el primer perno, ya ha sido rota si has recibido la gracia de Dios a través de la fe. El *estilo de vida* pecaminoso, el segundo perno, debe ser roto diariamente. La *santificación posicional* debe convertirse en una santificación del *estilo de vida*.

No sólo necesitamos ser libres de una *persona,* sino también de un *lugar.* Yo sé muy bien que esto es así. El perno número uno salió de mi vida cuando tenía seis años, pero qué lecciones difíciles tuve que aprender mientras lidiaba con el segundo. Haber sido liberada de una persona, del enemigo, no fue suficiente. Después debía decidirme a caminar en la libertad que se me había dado y dejar atrás Egipto. La vida abundante me evadía en tanto este perno seguía firme.

En las primeras páginas de este libro, incluí un mapa para que utilices como referencia a medida que viajemos. Si lo observas, verás la tierra de Egipto, la tierra prometida de Canaán y también un gran desierto entre ambas. El poder liberador del Dios Todopoderoso había declarado a los israelitas legalmente emancipados de Faraón. Pero si esperaban vivir en la libertad que se les había concedido, tenían que hacer el gran esfuerzo de reunir a sus familias, empacar sus pertenencias, cargar los animales y salir de la ciudad. Debían comenzar a poner un pie delante del otro, para establecer una distancia cada vez mayor entre ellos y Egipto.

No basta saber que técnicamente somos libres. Cuando aceptamos la invitación de Dios a disfrutar de la abundancia, entonces *experimentamos* la libertad. El elefante que está sujeto por un solo perno no se encuentra en mejor posición que aquel que tiene las cuatro piernas sujetas al suelo con sólidos postes de acero. Los dos están cautivos. Hasta que ese último perno no se rompa, y se mantenga roto todos los días, esa libertad sigue siendo un sueño imposible en vez de una experiencia diaria. El primer perno fue tarea de Dios. El segundo es obra tuya (con la ayuda de Dios, por supuesto).

No te engañaré. Esto no tiene nada de fácil. Como todo el mundo, hemos sido entrenados por el pecado y, por esta razón, necesitamos alguna reprogramación para liberarnos de los patrones naturales y de nuestra manera usual de hacer las cosas. Vivir en libertad significa aprender a caminar de nuevo (aprender a caminar *según Dios*) porque, presta atención, puedes ser salvo en un 100% y, aun así, pasar la mayor parte de tu tiempo en Egipto. Los incrédulos no son los únicos que contribuyen al hacinamiento en Egipto.

Entonces, no hace falta que te diga que hay lugares donde el enemigo gobierna y que algunos de ellos pueden ser sitios donde continúas dando vueltas. Tal vez estás envuelto en una relación que constantemente te pide que comprometas tus convicciones cristianas, pero parece que no puedes dejarla. Sigues mirando las mismas películas y los mismos programas de televisión, semana tras semana; continúas leyendo esos libros y revistas que seducen tu mente y la alejan de la pureza de los ideales de Dios, y siempre te dejan un poquito más desconforme con tu condición actual en la vida. Tal vez estás atado a un hábito en particular que constantemente te impide escapar de los límites de tierra gobernados por Satanás.

Este ha sido el modo de obrar del enemigo durante largo tiempo. Éxodo 1 nos dice que los egipcios «pusieron sobre ellos [los israelitas] comisarios de tributos que los molestasen con sus cargas» y que así «amargaron su vida con dura servidumbre, en hacer barro y ladrillo, y en toda labor del campo y en todo su servicio, al cual los obligaron con rigor» (vv. 11, 14). El versículo 12 describe la situación diciendo que estos comisarios de tributos «los oprimían». Es la misma palabra hebrea, *anah*, usada en Génesis 15:13, cuando Dios predijo a Abraham que esa sería en definitiva la situación difícil de Su pueblo. La palabra significa más que provocar dolor físico; también quiere decir «desbaratar, frustrar, rebajar, poner de rodillas y someter»[1].

Sin duda, el objetivo de la esclavitud egipcia no era meramente dañarles el cuerpo y hacerlos trabajar. La intención era destruir el espíritu de las masas israelitas, para minimizar así toda amenaza de resistencia o contragolpe. El dolor físico era sólo el medio para conseguir el fin deseado: la humillación de toda una raza de personas, que sirviera generación tras generación a fin de satisfacer los propósitos y los caprichos de sus captores. Faraón procuró separar al pueblo de Dios de toda asociación con Yahvéh y de su historia con Él, incorporarlo a la manera egipcia de pensar y disuadirlo de vivir como si alguna vez hubiesen conocido al Señor. Seguramente, esto hizo que quienes manejaban a los esclavos descubrieran todo lo posible respecto a los hombres y mujeres maltratados que tenían a su cuidado; así, se encargaban de imponerle a cada persona desafíos específicos y a medida, logrando que se intensificara el dolor al aplicarlos sobre todo punto débil disponible. La esclavitud no era un decreto vigente un solo día. No pasaba una jornada sin el constante aguijoneo del comisario de tributos que les exigía ser dóciles y desafiar a su Dios, y que los instruía en las costumbres y la mentalidad egipcia.

Y hoy en día, seguimos enfrentando lo mismo. Nuestro enemigo, nuestro comisario de tributos, conoce los puntos fuertes y débiles que tenemos. Sabe qué hace falta para mantenernos dóciles y bajo su pulgar, para que sigamos viviendo como si todavía fuéramos esclavos de Egipto, santos redimidos que viven «en pasión de concupiscencia, como los gentiles que no conocen a Dios» (1 Tes. 4:5). Satanás se dedica a sobrecargarnos hora tras hora para hacernos dudar seriamente que haya alguna clase de liberación a nuestro alcance, y luego socava por completo nuestra fuerza hasta que ya no sentimos deseos de pedir ayuda, aunque esta exista.

Sólo quiero que sepas que si no disfrutas a diario de una vida satisfactoria y enriquecedora con Cristo, probablemente no se deba a que no lo intentas lo suficiente. Hay muchas cosas en tu camino que impiden que conozcas el gozo, el contentamiento y el poder en el Espíritu Santo. Nadie dice que esto sea pan comido y que deberías avergonzarte por ser tan debilucho.

La liberación del perno número dos no es algo que sucede y listo. Debes tomar la decisión difícil. Tienes que ser radical en cuanto a salir de los lugares donde gobierna Satanás. No sólo debes indagar en tu alma por tu cuenta, sino pedir refuerzos. Resulta ser que al Espíritu Santo no le molesta ayudarte a descubrir lo que necesitas saber sobre ti mismo. Ora como David: «Examíname, oh Dios, y conoce mi corazón; pruébame y conoce mis pensamientos; y ve si hay en mí camino de perversidad, y guíame en el camino eterno» (Sal. 139:23-24).

¡Caramba! Todavía no hemos salido de Egipto y este viaje ya se ha vuelto difícil.

Pero no nos equivoquemos: «Cristo nos libertó para que vivamos en libertad». Y Su Palabra para nosotros es: «manténganse firmes y no se sometan nuevamente al yugo de esclavitud» (Gál. 5:1 NVI), para que nos despojemos «de todo peso y *del* pecado que nos asedia, y corramos con paciencia la carrera que tenemos por delante» (Heb. 12:1, itálica añadida).

Así es, hasta *el* pecado —*ese* pecado—, ese en el que tan fácilmente te enredas, el que procura con mayor fuerza separarte por completo de la libertad en Cristo, hasta de ese debemos despojarnos. No hay otra forma. No existen atajos. No hay ningún escenario que mantenga tu pecado y tus más altos deseos espirituales en el mismo plano. Se requiere una separación deliberada; no una ni dos, ni de vez en cuando, sino día tras día, hora tras hora, vez tras vez. La libertad cristiana puede ser en muchos aspectos una caminata, pero Hebreos 12 nos recuerda que también es una «carrera». Entonces, corre por tu vida. Dispara a toda velocidad.

Nunca esperes que la libertad tenga lugar de alguna otra forma.

Corre por tu vida

Entonces, es hora de que me atreva a preguntar, aunque recién hayamos comenzado nuestro viaje: «¿Qué te impide dejar Egipto?». Tal vez el perno número uno todavía esté asegurado. Quizá nunca pusiste tu fe en Cristo para ser libre de la persona de Satanás en tu vida. Nunca podrás llegar a Canaán si sigues cautivo del enemigo.

O tal vez te has ocupado de eso, pero hay un pecado sumamente atractivo que nunca has estado dispuesto a dejar o que nunca pudiste dejarlo. Puede ser un hábito autodestructivo que abusa de tu cuerpo y lo degrada, el mismo cuerpo que ahora se ha convertido en «templo del Espíritu Santo que [...] vive en ustedes», un cuerpo que debe «honrar a Dios» (1 Cor. 6:19-20, DHH).

También puede tratarse de algo que no sea abiertamente pecaminoso. En Hebreos 12:1, la Nueva Versión Internacional no sólo nos insta a erradicar el pecado de nuestras vidas, sino que también nos dice: «despojémonos del lastre que nos estorba». Muchas de las cosas y de las personas que nos enredan y no nos permiten dejar Egipto son simples «estorbos». Distracciones y objetos que nos hacen perder el tiempo. Es probable que no nos conduzcan a obrar mal, sino a obrar menos. Nos alientan a seguir siendo triviales e insignificantes. Son individuos con los cuales puede ser divertido andar y conversar, pero que no nos ayudan a arrancar hacia Canaán.

Hace unos días, llamé a una amiga que (al igual que yo, sea cual sea el costo) había decidido salir de Egipto para dirigirse al camino de la vida abundante. Para hacerlo, una de las cosas que decidió fue cortar algunas amistades que le impedían escapar de viejos hábitos y preferencias en su estilo de vida. El nuevo aviso en el contestador automático de su teléfono lo decía todo: «Gracias por llamar. Por favor, deja tu mensaje. Pero quiero que sepas que estoy haciendo algunos cambios en mi vida. Si no devuelvo tu llamada, ¡es probable que seas uno de los cambios!»

Muy bien hecho, muchacha.

Para la gente que nació en Egipto, se crió en Egipto y se educó en Egipto, la única manera de saborear la leche y la miel es salir de allí. Estar posicionalmente santificado no es todo lo que Dios tiene para ofrecernos. Seguros en nuestra posición delante del Padre mediante la remoción del perno número uno, ahora somos libres para permitirle que nos ayude con el número dos. No sólo podemos *saber* quiénes somos, sino que también podemos *vivir* como tales.

*Gustad y ved que es bueno Jehová; dichoso el hombre que con-
fía en él.*

SALMO 34:8

CAPÍTULO 3

Cambio de sabor

CUATROCIENTOS AÑOS. MUCHO TIEMPO PARA echar raíces y cavar surcos. Un largo tiempo para afianzarse en los propios caminos y para estar extremadamente seguro de lo que te gusta y lo que no. Cuatrocientos años de alguna cosa puede definir lo que eres, aunque sea algo malo.

Sin duda, la brutal esclavitud que soportaron los hebreos bajo el yugo de los egipcios fue mucho más terrible de lo que podamos imaginar. Deuteronomio 4:20 compara la experiencia con un «horno de hierro» que les ocasionaba la tisis de los mineros, debido a las interminables horas trabajando en el calor de las calderas, transpirando como burros de carga, sudando sangre y lágrimas sólo para llenar las arcas de sus captores. Observa la descripción del historiador Howard Vos de lo que soportaron:

Trabajaban bajo el calor del sol egipcio todo el día (casi siempre con temperaturas por encima de los 43 grados centígrados), y los comisarios de tributos los hacían rendir al máximo. No tenían sombreros para protegerse la cabeza ni más vestimenta que un pequeño delantal sobre el cuerpo. […] los riñones sufrían, porque estaban expuestos al sol [...] sin ropa. Las manos se les lastimaban hasta quedar en jirones debido al cruel trabajo. No pensemos que a alguien se le ocurría acercarse de vez en cuando para darles algo de beber a los trabajadores. No se necesita mucha imaginación para concluir en que el severo rigor impuesto a los hebreos hacía que muchos de ellos murieran de deshidratación, de abatimiento por el calor, de insolación y cosas similares.[2]

Pero cuando seguimos a los israelitas a lo largo de los primeros días del Éxodo, vemos, por supuesto, que habían sido liberados de todo aquello. La vara y el látigo ya no estaban. Los malvados comisarios de tributos habían quedado atrás. Los interminables días en el barro y el estiércol habían terminado. Desde luego, todavía podían recordar aquellas escenas —en una pesadilla— pero al menos, ya no las sentían en sus articulaciones ni en sus músculos, en sus espaldas cansadas ni en los pies doloridos. Estaban (¿se atrevían a creerlo?)... libres.

Podemos imaginar que aquellos primeros días de libertad fueron los momentos más fascinantes y emocionantes de sus vidas. Por primera vez, el futuro encerraba algo llamado sorpresa y aventura. En lugar de lo interminablemente conocido, se aventuraban hacia lo desconocido, siguiendo al libertador cuyo Dios había obrado milagros tan asombrosos que desembocaron en la inesperada liberación del dominio de Faraón. ¿Quién sabía qué clase de milagros podían aguardarlos con un libertador como este?

Pero no se necesitó mucho tiempo para que lo nuevo comenzara a desgastar su experiencia de libertad. A los pocos días de salir de Egipto, la emoción se desvaneció y comenzó la queja.

Recuerdo esa sensación. ¿Tú no? Se parece a cómo solías sentirte la noche antes de Navidad cuando eras niño, comparado con lo que sientes ahora que eres adulto. Los primeros días que pasé sumergida en la libertad y la vida abundante de Cristo me daba la sensación de tener un viento constantemente bajo mis alas, un poder que podía conducirme a cualquier lugar. Mis momentos de oración eran ricos; mis experiencias con Dios, reales; mi entusiasmo y expectativa, crecientes. Sin embargo, con el tiempo, las realidades del viaje hicieron que mi entusiasmo menguara. Cuando mis encuentros con Él se volvieron menos intensos (aunque no menos reales y constantes), mis ojos dejaron de centrarse en el Señor para concentrarse en las luchas del viaje en el cual Él me guiaba.

Por lo tanto, no deberíamos ser tan duros con los israelitas en este sentido. La emoción de vivir lo «desconocido» con Jesús es donde tú y yo nos encontramos en este mismo momento, en este preciso instante. Desconocer las maravillas y las oportunidades que nos aguardan en cualquier momento es algo que tenemos el privilegio de disfrutar aquí y ahora. Hoy es otro día con emocionante expectativa espiritual si deseamos que así sea.

Y bien, ¿cómo funciona contigo? ¿Es todo lo que deseaste y más? ¿Aprovechas al máximo todas las bendiciones y la vida abundante que Cristo le reserva al creyente liberado? ¿O admitirías que esta libertad no es tan despreocupada como pensaste que sería? ¿Reconocerías que la libertad en Cristo tiene ciertos riesgos que algunas veces te hacen desear un estilo de vida un poquito más estable y predecible, más conocido y controlable? ¿Ciertas comodidades del pecado se parecen más a las del hogar que a las de Dios? ¿Hay algo —o alguien— que recuerdes de los días de Egipto que haga surgir un sentimiento de nostalgia dentro de ti? ¿Lo consientes o sigues adelante?

Llega un momento en que el adversario —ya sea Faraón en el caso de los israelitas o Satanás en el nuestro— ya no es nuestro peor enemigo. *¡Nosotros lo somos!* Es el momento en que, como los hebreos, dejamos de mirar hacia delante y comenzamos a mirar hacia atrás. Entonces, empezamos a oler algo en el aire que solía mantenernos andando durante el día.

Pescado y ajo

La universidad no fue un buen tiempo para mí, espiritualmente hablando. Aunque el Señor ha usado, por Su gracia, gran parte de mi rebelión para enseñarme lecciones valiosas que me han formado tal como soy hoy, no tengo reparos en admitir que aquellos años estuvieron llenos de acérrima terquedad contra Dios. Lisa y llanamente. Ahora, algunas de las actividades y relaciones en que me enredé me repugnan con sólo pensar en ellas. Verdaderamente, es así. Sé que algunas de las decisiones que tomé, los deseos de la carne que consentí y las compañías que buscaba iban directamente en contra del llamado de Dios para mi vida. El resultado fueron algunos años de dolorosas consecuencias que me conmovieron hasta las entrañas.

Sin embargo, de tanto en tanto, en especial cuando la vida se vuelve inusualmente difícil o cuando me pongo impaciente por la chatura y el aburrimiento de algún tiempo sin brillo, el enemigo trata de recordarme los así llamados beneficios extra que traía en mi equipaje de Egipto. La camaradería mixta, por ejemplo, y la falta de responsabilidad que marcaron mi vida universitaria de soltera, algunas veces parecen mucho más apasionantes, en retrospectiva, que revisar la ropa para lavar o andar de aquí para allá con un bebé que lloriquea. Puedo sentirme tentada a mirar atrás con nostalgia, a un tiempo cuando mi vida carecía felizmente de toda responsabilidad, a pesar de que (y lo olvido con tanta facilidad) también fue un período lleno de dolor, de desengaños y de profundas marcas de desilusión.

Para los hijos de Israel, la vida a las afueras de Egipto fue algo así. Aquello a lo que habían renunciado a cambio de la libertad era, por supuesto, todo lo que habían soñado dejar atrás. Sin embargo, cuando comenzaron a darse cuenta de que el camino de la libertad era una rutina de ejercicios diarios de confiar en Dios para que les proveyera lo que necesitaban, en poco tiempo, se perdieron en la nostalgia de los olores gastronómicos de la dieta de Egipto. Se acordaron del «pescado que comíamos en Egipto de balde, de los pepinos, los melones, los puerros, las cebollas y los ajos» (Núm. 11:5). Recordando, decían: «nos sentábamos a las ollas de carne, cuando comíamos pan hasta saciarnos» (Ex. 16:3); raciones con las que podían contar y también esperar, aunque estuvieran rodeadas de montones de porciones de trabajo esclavo. Tal vez, no era tan malo como recordaban. Al menos, no estaban con la constante zozobra de si morirían de hambre por el camino.

Seamos sinceros: tenemos la tendencia a que nos gusten ciertas partes de la esclavitud y sigamos encariñados con ellas. No siempre estamos totalmente convencidos de que Dios tiene la contraparte de algunas de las cosas que hacían que la esclavitud pareciera engañosamente satisfactoria. Dudando de que Él pueda librarnos de lo desconocido, muchas veces nos conformamos con lo seguro y conocido. Entonces, en un sentido, comenzamos a andar otra vez por Egipto, y así, favorecemos e inducimos el sutil intento de mantenernos esclavos, de volver a atraparnos, de seducirnos para que nos apartemos de la leche y de la miel, de impedirnos experimentar la abundancia y la plenitud de Dios. Por más pasajeros y falsos que puedan ser, los atrevidos sabores y aromas que satisficieron y gratificaron nuestra carne durante tanto tiempo, todavía pueden provocarnos ruidos en el estómago. Recordamos que eran tan placenteros, tan cautivantes. Lentamente, nos autoconvencemos de que la libertad no puede ser tan buena como se la promociona si no tiene algunas de estas cosas como refrigerio.

Es un placer adictivo. La especialidad de la casa de Satanás.

¿Cuáles son algunos de los aromas de tu pasado que tienen la capacidad de flotar por el aire de tu sala y tentarte justo en medio de tu viaje desde Egipto, trayéndote delicados recuerdos de lo que hacía que la esclavitud fuera algo tan difícil de abandonar?

Tal vez, las respuestas a esta pregunta te ayuden a comprender por qué aquellos pocos deleites de pescado de Egipto pudieron hacer que los hebreos olvidaran todo el lado doloroso de los platos que alimentaban a sus familias mientras vivían bajo el látigo irrestricto de sus captores. Al igual que nosotros, tendían a olvidar que la única razón de Faraón para infundirles alguna clase de placer a sus días era hacer que su población de esclavos fuera lo suficientemente fuerte como para construir sus «ciudades de almacenaje» (Ex. 1:11). Ahora también podemos estar seguros de que cualquier cosa buena que el enemigo nos dé es sólo para mantenernos lo suficientemente alimentados como para lograr sus objetivos. La comida en Egipto puede haber sido «gratuita», pero en realidad, tenía un precio sumamente excesivo.

Entonces, quitémosle la mascara a esta pequeña farsa. Permitámonos tener discernimiento objetivo para enojarnos bien ante lo que se nos impone, este deseo de comer en la mesa de Faraón como si fuera más gustoso que lo que Dios tiene para ofrecernos. El pescado y el ajo no son leche y miel. Nunca lo han sido y nunca lo serán.

Es importante que te recuerde que estos anhelos del pasado que nos desvían de la tierra prometida no tienen que ser necesariamente pecaminosos. No es ilegal poseer pepinos, melones, cebollas y ajos. No vienen con advertencias de la Dirección Nacional de Salud Pública (aunque tal vez necesitemos algún Tic Tac luego de disfrutar demasiado de algo bueno). El problema no es, obligatoriamente, desear algún dulce placer del pasado; sino ansiar lo que el enemigo nos ofrece más que lo nuevo que Dios nos provee. Mirar atrás nos impide mirar hacia delante. Allí se encuentra el verdadero dilema. El problema está en permitir que la satisfacción de los apetitos físicos tenga prioridad sobre lo que Dios trata de enseñarnos en cuanto a estar satisfechos en Él.

El deseo de nuestro corazón debería ser la canción de adoración de David:

> Porque tu misericordia es mejor que la vida, mis labios te alabarán.
> [...] Así te bendeciré mientras viva, en tu nombre alzaré mis manos.
> Como con médula y grosura está saciada mi alma; y con labios
> jubilosos te alaba mi boca. (Sal. 63:3-5, LBLA).

Lo que algunas veces parece menos es mucho más.

Mamá, oh maná

Paula Deen. Tal vez la hayas visto en el canal *Food Network*. A mí me encanta. Ese acento sureño y su encanto sencillo son tan deliciosos como la comida que sirve. Es experta en combinar los ingredientes más acres y exóticos en los platillos gourmet y en las entradas. Tanta variedad suculenta y exorbitante. Tantas texturas cremosas y tantos aromas humeantes. Aun sin poder probarlos, puedo decir que sucede algo apasionante que parece no ocurrir nunca en mi cocina, por más que me esfuerce o que siga las instrucciones.

Pero me pregunto, ¿qué hubiera hecho la Sra. Deen si no hubiera tenido otro ingrediente para trabajar más que el maná? ¿Hubiera podido convertirlo en algo especial sin tener manteca, margarina y grasa de tocino? Lo dudo.

Quiero decir, ¿de cuántas maneras puedes disfrazar un tazón de copos de maíz? Como la famosa letanía de Bubba en *Forrest Gump,* supongo que una persona podía «asarlo, hervirlo, hornearlo, saltearlo»; podía preparar suflé de maná, maná a la cacerola, guiso de maná y *kebab* de maná. Los israelitas que habían crecido con la cocina egipcia se sintieron como se hubiera sentido la chef sureña Paula, no muy convencidos de que podían satisfacerse con tan pocas opciones reales de cocina.

Ahora bien, no nos creamos tan espiritualmente superiores como para pensar que a nosotros no nos hubiera sucedido tal cosa, como si no siguiéramos presentando nuestras nimias quejas sobre la misma clase de cosas hoy en día. Confieso que soy una mujer a la cual le gusta un poco de variedad en la comida. Con una madre proveniente de América del Sur, durante mucho tiempo estuve expuesta a las alternativas condimentadas y cargadas de salsa de su tierra natal. Nunca existen una o dos opciones en el plato, sino cinco o seis que tienen mejor sabor cuando se las sabe combinar al mismo tiempo en el tenedor. Cuando era pequeña, mis jóvenes papilas gustativas no lo soportaban. Mis hermanos y yo tratábamos de convencerla de que algo de lo que había hecho era demasiado picante para nosotros. Sin embargo, *sus* papilas gustativas ni siquiera podían detectar el picante. Era mi padre quien la codeaba ligeramente bajo la mesa y le decía: «Lois, querida, está muy picante, de verdad».

Pero ahora, tengo treinta y tantos. He probado esa comida durante largo tiempo y, al igual que los hebreos privados del pescado, el ajo, los puerros y las cebollas, ahora deseo esos sabores intensos y fuertes en mi plato. Lo que no soportaba cuando era niña, ahora es un deleite. Lo sabroso y la variedad me acompañaron durante mucho tiempo, tal como les sucedió a los antiguos israelitas.

Entonces, ¿qué hacemos con este maná que se suponía que debía mantenerlos satisfechos durante 40 años en el desierto? ¿Debían adulterarlo e imaginarse, de algún modo, que estaban comiendo lo que realmente deseaban? ¿Su única esperanza era entrar en alguna clase de juego mental, engañándose para creer que este ingrediente inferior y constante era (repite luego de mí) «lo mejor de la tierra»?

Es probable que esta no sea la repuesta que quieres, pero era la realidad de Israel, y la nuestra también. Por cierto, es la verdad del evangelio: El maná de Dios requiere cierto acostumbramiento. Es un sabor adquirido. Es comida sólida para «los que han alcanzado madurez, para los que por el uso tienen los sentidos ejercitados en el discernimiento del bien y del mal». (Heb. 5:14).

Ni por un segundo digo que la provisión de Dios sea inferior a la tentadora fiesta de Satanás. Este enemigo se ve *obligado* a confiar en esa alocada mezcla de opciones. Necesita todos esos menjunjes batidos para mantener su plan en marcha, para mantenernos atraídos y adictos a su amplio menú de ofrecimientos. Sólo Dios puede estar tan seguro de la superioridad de Sus provisiones como para presentárnoslas en su forma más pura y simple, y enloquecernos con lo distinto que puede ser todo con un pequeño bocado de Su presencia.

Cuando equivocadamente pensamos que necesitamos semejante calesita de opciones, nos parecemos más a los gurúes espirituales que desfilan por los programas de televisión e invitan a sus crédulas audiencias a acercarse a Dios de la forma que quieran. En esencia, lo que nos dicen es que podemos dejar que nuestros gustos y preferencias determinen las condiciones previas para entrar en una relación con este poder superior.

Escucha, la simpleza y singularidad representadas en el diario maná de Dios eran un símbolo de Jesucristo que habría de venir: el hermoso plan de un camino para alcanzarnos *a* nosotros y establecer *para* nosotros la verdadera vida abundante. La pregunta no es si un Dios bueno puede ser tan restrictivo como para reducir a una sola opción nuestro camino a la redención. La mejor pregunta, luego de todo lo que hemos hecho para resistirlo y rechazarlo, es por qué Él decidió abrir un único camino.

Él es nuestro «pan de vida» (Juan 6:48). Él es el supremo maná del cielo. Y en tanto que el maná del desierto no podía proveernos vida eterna, el «pan» vivo (v. 50) lo hizo y lo hará con cualquiera que lo reciba. Él es la milagrosa porción de Dios que no nos ha sido dada para aburrirnos, sino para mostrarnos un poco más de sí cada día. No se torna opaco y desabrido al ser nuestra senda estrecha. Más bien, se convierte en una expresión diaria del insondable amor de Dios, servido fresco con el rocío de la mañana, como sólo un Padre preocupado y compasivo lo hubiera hecho.

Sorprendentemente delicioso

Lo que aparentemente no entendieron los hebreos también nos sucede a nosotros: podemos perdernos al comparar la provisión constante y perfecta de Dios con la amplia variedad de opciones de comida carente de calorías de Satanás: *¡el maná era increíble!* La Biblia lo describe en Números 11:7 «como semilla de culantro» (una hierba aromática de la región) y con un aspecto como de «bedelio» (una resina fragante usada para hacer perfume que, según Génesis 2:12, se encontraba presente en los alrededores del jardín del Edén). El sabor del maná era «como de hojuelas con miel» (Ex. 16:31). Puede haberse parecido a los copos de avena, según creen algunos eruditos, pero su verdadero sabor era más parecido a galletas crocantes. Era, en realidad, «comida del cielo» (Sal. 78:24, LBLA), ¡la receta original de *angel cake* [torta del ángel] [3]!

Entonces, ¿*esta* era la comida que rechazaban?

Sólo porque el sabor fuerte de sus amadas comidas egipcias se hubiera convertido en su gusto preferido, no quería decir que ninguna otra cosa tuviera el poder para satisfacerlos. En realidad, es probable que Dios haya inventado el maná para que creara un marcado contraste con el terrible aliento que producían los platos favoritos de los hebreos, esos sabores picantes que durante tanto tiempo les habían resultado deliciosos a esos paladares envenenados por la influencia egipcia. La pureza del maná de Dios contra la naturaleza fuerte y olorosa de las cebollas y los ajos no era tan sólo un regalo de nutrición, sino también el comienzo de un largo proceso para limpiar a los hebreos de sus antiguos amores.

Era un claro cambio de gusto.

Dios parecía ansioso (¿no es cierto?) de quitar de sus vidas el sabor y el deseo del pecado, tal como desea sacarlo de las nuestras, para que podamos convertirnos en «sabios para el bien, e ingenuos para el mal» (Rom. 16:19). En tanto que el enemigo trabaja horas extra para mantenernos adictos a los gustos pasados, Dios, sin cesar, nos da forma a través de sabias cantidades de bendición y corrección para hacernos desear lo que es realmente bueno para nosotros, hasta que lleguemos a «[gustar] y [ver] que es bueno Jehová» (Sal. 34:8). Rehúsa ofrecernos cualquier cosa que excite nuestras obsesiones anteriores, sabiendo que si alguna vez viviremos como hombres y mujeres libres, necesitamos comenzar a comer como tales.

Es probable que el maná que te ha pedido que mastiques ahora sea difícil de tragar, pero es el proceso a través del cual tus papilas gustativas serán renovadas y refinadas. Sé que es diferente. Se supone que debe serlo. Cualquier cosa inferior hará que dentro de algunos años sigas deseando un asiento en la mesa de Faraón.

El joven profeta Daniel nos sirve como un adecuado testimonio. Se encontraba entre los pocos jóvenes israelitas que habían sido seleccionados para ser llevados a la corte del rey Nabucodonosor luego de la caída de Jerusalén, donde podrían ser adoctrinados en las costumbres paganas de Babilonia. Con un terrible parecido al faraón egipcio, Nabucodonosor tenía la intención de sacar al Dios de Israel de las mentes de estos hebreos de pura sangre, para entrenarlos de modo que vivieran sin cuestionamientos al servicio del rey.

La reprogramación de sus jóvenes mentes judías requería un proceso de tres años, durante el cual, recibirían instrucción en la literatura y las lenguas de los caldeos, y también una completa alimentación con la comida de los babilonios, de modo que aprendieran a gustar los sabores y condimentos típicos de su tierra adoptiva. Hasta les cambiaron los nombres para reflejar su nueva conexión con el imperio mundial reinante. El nombre de Daniel, por ejemplo, se convirtió en Beltsazar («Bel» provenía del nombre de un dios pagano). Cada vez que a él y a sus compañeros los llamaban por nombre, era una nueva ocasión para cementar su nueva alianza con otra cultura.

Probablemente, recuerdes lo que sucedió a continuación. «Daniel propuso en su corazón no contaminarse con la porción de la comida del rey, ni con el vino que él bebía; pidió, por tanto, al jefe de los eunucos que no se le obligase a contaminarse» (Dan. 1:8). Pero los consejeros de Nabucodonosor estaban seguros de que la negativa de Daniel a tomar parte de la comida del rey pronto se pondría de manifiesto al perder su fuerza y su capacidad física.

Sin embargo, Daniel persistió y, finalmente, les ganó a sus desconfiados cuidadores planteando su teoría como una prueba de la validez de sus convicciones. Pidió que a él y a sus tres amigos (quienes pronto se convertirían en héroes bíblicos conocidos por sus nombres babilonios Sadrac, Mesac y Abed-nego) les sirvieran comidas sencillas con vegetales y agua, mientras que los otros jóvenes continuaban el festín con la comida selecta preparada en las cocinas del rey.

Como siempre, la sencilla pureza y el determinado deseo de la santidad de Dios ganaron. Daniel había tenido razón: los sabores y las texturas prescritos por el Señor al pueblo que amaba eran lo que verdaderamente les hacía mejor. Dios nunca falla en dar vida abundante a aquellos que reciben Sus dones con confiada gratitud. En lugar de rezongar y quejarse, algo en que los hebreos se volvieron bastante competentes (aunque a veces nosotros competimos con esfuerzo por sacarles el título), debemos aceptar los caminos de Dios sabiendo que están diseñados tanto para nuestro bien como para Su gloria.

Buenas comidas

No sé qué se iguala al pescado y al ajo de Egipto en tu vida, o a la comida y el vino elegidos de Babilonia en lo que se refiere a tus deseos físicos y a tus apetitos. Literalmente, puede tratarse de *comida,* un deseo aparentemente insaciable de usar dulces, gaseosas y cosas por el estilo como rellenos medicinales para los huecos en tu maquillaje emocional. Puede ser la emoción de cierto pecado, la espontaneidad de un flirteo o de una relación sexualmente inmoral, la inversión de gran cantidad de tiempo para buscar entretenimientos o noticias sobre deportes en Internet. Podría tratarse de cualquier cosa. Podría tratarse de un sabor en el que comenzaste a pensar durante el día y que procuraste satisfacer luego del trabajo. Pero en tu corazón, sabes que aun cuando su atractivo es fuerte y te pueda llenar por algún tiempo, al final, se verá que es completamente malo o, tal vez, que es un esfuerzo inútil del todo. Todavía te gusta un poco, pero te deja hinchado y con necesidad de un antiácido espiritual. O quizá, delgado y aún hambriento, aunque acabas de comer.

Israel había sido librado del yugo legal de Egipto a través de la liberación encabezada por Moisés; pero aun cuando sus cuerpos estaban fuera del territorio de sus captores, todavía llevaban mucho de Egipto dentro de ellos. Debían preguntarse, tal como lo hizo Daniel, y como nosotros debemos preguntarnos: ¿Para qué deseamos estar capacitados? ¿Para servir al «padre de mentiras» detrás del rey pagano o al «Padre de las luces, en el cual no hay mudanza, ni sombra de variación» (Sant. 1:17)?

Esas viejas ventajas de Egipto no son tan dulces como parecen, créeme. Serán tentadoras, pero al final, siempre te consumirán. Dios tiene una provisión cuantiosa para que experimentes vida abundante sin necesidad de basar tu dieta en cosas que sólo pueden lograr hacerte menos feliz al ver la persona en que te estás convirtiendo. Confía en que Su provisión es completa, perfectamente adecuada, oportuna y siempre suficiente. Fíjate si no es lo mejor que jamás hayas probado, sin todas las amargas secuelas.

Tu maná está listo. Disfrútalo.

*Porque así como el cuerpo es uno, y tiene muchos miembros,
pero todos los miembros del cuerpo, siendo muchos, son un solo
cuerpo, así también Cristo.*

1 Corintios 12:12

CAPÍTULO 4

Desafío a la iglesia

ACABABA DE CONOCERLA, PERO PARECÍA que nos conocíamos de años.
Las similitudes en nuestros trasfondos y en nuestras pasiones eran
sorprendentemente parecidas. Ambas habíamos estado conectadas durante
décadas con iglesias donde dinámicos maestros de la Biblia presentaban los
principios de la Escritura con claridad y celo. Ambas habíamos recibido
instrucción teológica en instituciones de alto estudio que compartían la
manera de reverenciar la Palabra. Las dos nos habíamos visto cada vez más
envueltas en ocupaciones con nuestras familias al mismo tiempo que nos
arraigábamos más profundamente en el ministerio.

Y ambas estábamos muertas de sed.

Esto, más que cualquier otra cosa, fue lo que entretejió nuestros corazones con tanta rapidez y seriedad mientras estábamos sentadas en la habitación de un hotel, con una suave música de adoración de fondo. Dios había

puesto en esta querida hermana un hambre santo de algo más que un mero conocimiento de Él, más que respuestas correctas a las mismas preguntas de siempre. Estaba desesperada por experimentar todo lo que Dios tenía para ella, anhelaba que Su Espíritu estuviera completamente en acción, ansiaba conocerlo de maneras siempre frescas y nuevas; experiencias abundantes que la Biblia les asegura a aquellos que se lanzan de todo corazón a creer. Es la «heredad de los que temen tu nombre» (Sal. 61:5).

Me sentía identificada. He estado toda mi vida en una iglesia autónoma, basada en la Biblia. De hecho, mi padre es el pastor. Ha conducido esta iglesia desde que yo tenía un año y la ha llenado de algunos de los creyentes más preciosos que existen sobre la tierra, y junto con mi familia seguimos formando parte activa de ella hasta el día de hoy.

Pero eso no quiere decir que una niña no pueda tener sed de vez en cuando. Los cimientos habían sido puestos enormemente bien y firmes. Ahora sentía que Dios deseaba edificar sobre ese cimiento una estructura de experiencia con Él. Y allí, en aquella habitación de hotel, las dos suspirábamos por agua viva, postradas de rodillas con un ansia compartida de experimentar más de Dios.

Esos son momentos preciosos, impactantes; momentos cuando encuentras a alguien que verdaderamente sabe de qué hablas cuando expresas tu hambre persistente de conocer a Dios de manera más íntima, esperar que Su poder fluya, experimentar Su Espíritu Santo de forma tangible, aguardar Su actividad sobrenatural en medio de la existencia cotidiana.

Una razón por la cual tales encuentros con otros son tan ricos y memorables es porque, demasiadas veces, esos mismos reconocimientos de sed y de creencia pueden enfrentar una respuesta de recelo espiritual. La gente busca la manera más rápida de cambiar de tema, de elogiar tu preciosa vestimenta, de contarte que hay una gran liquidación de carteras en una tienda. Tu sincero pedido de que se unan a ti en oración para que el Espíritu de Dios despierte sus corazones puede verse desviado por una larga lista de encuentros para almorzar que harán que tengas que esperar hasta el próximo fin de semana para volver a reunirse; si es que se puede, si es que vuelven a hacerlo.

Algunas veces, Dios es demasiado grande para la gente de la iglesia. Lo sé, porque he sido una de ellas.

Cada iglesia tiene sus puntos fuertes. Como dije, la nuestra es conocida por su sólida enseñanza bíblica dada por mi padre y por los pastores asociados, como así también por su gran organización de programas de extensión y sus reuniones. ¿Puedo ser sincera en este punto y admitir que me he vuelto un poco malcriada? Experimentar una iglesia como esta es todo lo que he conocido desde sus humildes comienzos cuando yo tenía tan sólo un año. No podía imaginar que Dios fuera más grande de lo que yo ya había visto de Él en este fabuloso lugar, donde se alaba poderosamente Su nombre y se exhibe por completo Su amor compasivo y redentor.

Sin darme cuenta, había puesto a Dios en una caja; una cuyos cuatro lados habían sido definidos casi exclusivamente por lo que había aprendido y experimentado dentro de las cuatro paredes de esta iglesia en particular. Al estar en esta clase de entorno —saludable, con fundamento y tan inspirador— llegué a un punto, cuando tenía alrededor de 30 años, donde la autocomplacencia me había envuelto como un velo. No en mi iglesia, sino en mi vida. Y no entendía por qué, ya que podía llamar hogar a una iglesia tan increíble como esta, un lugar donde Dios me había hecho crecer con tanta fidelidad, durante tanto tiempo.

Pero con los años, incluso mi propio padre había admitido que nuestra iglesia —como cualquier otra— tenía sus puntos débiles, que probablemente había mucho que experimentar sobre Dios que nosotros no dominábamos. Por lo tanto, sería inapropiado y limitante que uno defina a Dios sólo por lo que ha aprendido en un determinado lugar, y esto es precisamente lo que yo había hecho sin saberlo. Entonces, cuando la autocomplacencia se instaló y de inmediato traté de pensar cómo arreglar esta cuestión en «casa», por primera vez en mi vida sentí que los lados de esta caja no me permitían seguir creciendo.

De repente, una parte de mí no estaba tan segura de que valiera la pena luchar contra este sentimiento. No sabía qué requeriría el Señor de mí para quitar esa autocomplacencia; además, sinceramente, como hija del pastor, sentía que tenía demasiados ojos apuntando en dirección a mí mientras trataba de imaginar cómo arrancar esa sensación y alcanzar una nueva vida. Otros podían malinterpretarlo. La gente podía perderme el respeto. Era posible que terminara pareciendo una tonta o que me sintiera demasiado incómoda para ir donde el Señor quisiera guiarme. Pero mientras Dios orquestaba mi encuentro con otros creyentes cuyas perspectivas de Él eran en muchos aspectos diferentes a las mías, me sentí impulsada a explorar lo que traían a la mesa.

¿Desconocido? Sí.

¿Inusual? Algunas veces.

Estaba un poquito nerviosa, pero no quería perderme una lluvia de bendiciones.

Ten cuidado con lo que deseas

Me había puesto el calzado para correr y había salido de casa antes de que nadie se despertara aquella mañana. Mi esposo y nuestros tres hijos, Jackson, Jerry Jr., y Jude estaban cómodos y calentitos bajo sus mantas, sin saber que había amanecido. Era una mañana calurosa y húmeda, y el sol no se veía por ningún lado. Cuando miré hacia arriba, me encontré con unas densas nubes oscuras que no le daban oportunidad al sol de brillar. Hice un estiramiento rápido y comencé mi ruta normal por el vecindario. Disfrutaba de este camino que me llevaba a recorrer calles conocidas, con árboles añosos y casas construidas hacía varias décadas. El vecindario era ordenado, pacífico y en desarrollo. Cuando llegué a la parte trasera de la comunidad, vi que el camino que habían pavimentado para crear espacio para nuevas edificaciones estaba abierto. Decidí tomar ese camino desconocido.

Habían derribado los árboles para crear espacio para las casas idénticas que pronto levantarían en esos lugares. Lo que había sido una zona boscosa, ahora estaba desierto, y me permitía ver bien el cielo sur de Texas. Sin nada que bloqueara mi visión, podía ver con mayor claridad las nubes cada vez más grandes. Cuanto más al sur miraba, más espesas y oscuras parecían. La tormenta era inminente.

En lugar de preocuparme de inmediato, la visión de la tormenta eléctrica que se avecinaba me instó a orar para saber qué podía representar espiritualmente lo que veía. Le pedí a Dios que permitiera que Su presencia cayera como lluvia sobre mi vida tal como parecía que llovería en mi vecindario. Mi oración era que Su presencia se cerniera sobre mí como estas nubes. Le rogué por lluvia espiritual, y como si les hubiera dado oportunidad, las nubes en el cielo oscuro respondieron. Se abrieron de una manera repentina y espantosa, y un torrente de lluvia cayó sobre la tierra. Mi simple camiseta y los ligeros pantalones para correr no eran adecuados para las gotas de lluvia que caían como perdigones de acero. Estupefacta, me detuve, me cubrí la cabeza con las manos, di la vuelta, y corrí hacia el refugio y la comodidad del hogar. La gente que pasaba en auto camino al trabajo miraba por la ventanilla con expresión de pena y de compasión. Sentían lástima por la pobre muchacha atrapada bajo la lluvia.

Tonta de ti. ¿Qué pensaste que sucedería?

Mi paso firme, aunque bastante lento, se aceleró. Corría a toda velocidad. Tenía que llegar a casa, de regreso al refugio que me protegería del diluvio.

Corrí.

El Espíritu habló.

«Esto es lo que hace mi pueblo, Priscilla. Oran pidiendo lluvia y, cuando cae a cántaros, corren de vuelta a casa».

Sí, queremos que Dios se mueva. Se lo pedimos. Oramos con fervor para que el manto de autocomplacencia sea quitado, para que se abran las ventanas de los cielos y Él nos muestre Su gloria y Su poder, a través de nosotros. Ansiosamente, esperamos Sus maravillas en nuestra vida diaria, pero cuando Su movimiento termina moviéndonos *a nosotros*, ya no estamos tan seguros. Correr en la lluvia es un tanto incómodo. Cuando Él nos llama a seguir un camino que no hemos transitado antes, rodeados de personas con las que no hemos tenido comunión antes, nos preocupamos y nos volvemos cautelosos. Este nuevo camino desconocido bajo la lluvia del cielo aumenta nuestra limitada visión de Su majestad y ensancha los estrechos límites de nuestros hábitos religiosos y de nuestros sistemas de creencias. Su Espíritu despierta nuestro espíritu a la realidad de Su fruto, Sus dones y Su poder sobreabundante; todo a disposición de nosotros. Antes no habíamos sentido esto, y no estamos seguros de que nos guste, en especial, cuando otros pasan junto a nosotros y nos espían desde sus refugios piadosos y seguros, con expresiones hoscas que revelan lo que verdaderamente piensan de los creyentes atrapados por la oleada de lo inusual. Es más fácil permanecer en la seguridad del lugar donde siempre hemos estado, haciendo lo que siempre hemos hecho. Cuando los cielos se abren, cuando el viento del Espíritu de Dios y la lluvia de Su presencia se derraman sobre nosotros, nos sentimos incómodos bajo el torrente de lo desconocido. Entonces, corremos en busca de refugio, volvemos a la zona de comodidad que nos ha impedido experimentar de verdad a Dios como Él quiere que lo experimentemos.

Estoy segura de que quienes pasaban junto a mí aquel día pensaron que había perdido la chaveta cuando me detuve cerca de mi casa, me quedé bajo la lluvia torrencial, abrí los brazos ampliamente y miré hacia arriba. El mensaje de Dios ardía tan apasionadamente en mi corazón que no podía seguir andando. Mientras Su palabra me hablaba con fuerza, oré: «Señor, que llueva, y dame el valor para pararme bajo los cielos cuando esto suceda. Hazme dócil para ir donde quieres llevarme, aun cuando el camino sea desconocido. Derriba cualquier pared religiosa construida por el hombre que me impida verte en plenitud. Perdóname por correr siempre de regreso a casa». Sabía que me estaba preparando para un nuevo camino. Necesitaba estar dispuesta a recibirlo.

Se necesitaba una fuerte dosis de valor divino y de disposición espiritual antes de poder caminar de verdad hacia lo desconocido. Fue necesario que Dios me expusiera a una serie de verdaderos milagros, experiencias que sacudieron mi jaula espiritual y se negaron a encajar con prolijidad en los cajones de archivos que tenía cuidadosamente preparados para que Dios residiera allí. No estaba segura de lo que Él haría a continuación, pero decidí que, sencillamente, no podía soportar ser dejada atrás. Como lo proclama ahora el nombre de nuestro ministerio, es hora de comenzar a «ir más allá» [*Going Beyond*].

Alguien a quien apenas conocía me habló sobre un estudio bíblico local, donde el Espíritu de Dios se movía y donde nadie me conocería. Francamente, antes no había estado dispuesta a comprometerme con una reunión periódica, con un grupo de personas como este. Pero ahora, las cosas eran diferentes. La profundidad de mi sed espiritual y la curiosidad me llevaron a suplementar la asistencia a mi iglesia con este grupo de estudio bíblico formado por gente que provenía de trasfondos totalmente diferentes. Todo allí era diferente: para empezar, su estilo de adoración y de oración. Y sin embargo, supe desde la primera reunión que estas personas se encontraban bajo un cielo abierto. Hasta casi podía sentir las gotas de lluvia sobre mi rostro cuando atravesaba la puerta principal. Me sorprendió sentir tanto refrigerio desde la primera reunión; refrigerio en las partes que me resultaban familiares y doble refrigerio en aquellas que desconocía. Dios era tanto más grande de lo que jamás había imaginado, y fue necesario que un grupo de personas totalmente diferentes a mí me ayudara a verlo en esa dimensión. Por primera vez en mi vida, decidí entrar en un río que era más ancho que el arroyo en el cual había nadado mientras crecía; y nunca lo lamenté.

Ahora bien, permíteme detenerte justo aquí. ¡Ah, cuánto desearía que estuviéramos sentados frente a frente en este momento, mesa de por medio, devorando panqueques recién hechos, saturados de manteca y sirope! Suspendería las idas y venidas de mi tenedor el tiempo suficiente como para mirarte directo a los ojos y decirte tres cosas importantes.

Primero, existe una buena razón para desconfiar de los rastros que sigue la gente con la pretensión de satisfacer su hambre espiritual, aunque lo hagan con inocencia. La Biblia no habla sobre los falsos evangelios y las falsas enseñanzas con tanta frecuencia sólo porque parecía una buena sugerencia para el primer siglo, ni tampoco valora el discernimiento como un preciado tesoro que debemos buscar tan sólo una o dos veces en su registro. El riesgo de enredarse en experiencias que pasan de lo chiflado a lo genuinamente peligroso es una preocupación real cuando comenzamos a abrirnos más a nuevas cosas. Nuestra era ha visto una renovada mezcla borrosa entre el cristianismo ortodoxo y las prácticas de otras religiones que no comparten nuestra creencia en la verdad bíblica. No todos los caminos conducen a Dios, ni tampoco todas las cosas que suenan espirituales son edificantes de parte del Señor Jesús ni apropiadas para Su pueblo. Si te encuentras cuestionando si algo es de Dios o no, deja que la Biblia sea tu guía. El Espíritu Santo nunca te guiará en una dirección que vaya en contra de Su Palabra.

Segundo, no estoy alentándote a abandonar la iglesia donde concurres. Por cierto, yo no lo he hecho. Creo que hay ciertas situaciones en ciertas iglesias que pueden tornarse lo suficientemente inestables como para considerar un cambio así. Sin embargo, en términos generales, correr a otra iglesia que parece más adecuada para ti en determinado momento tiende a convertirse en modelo en el que se va de una iglesia a otra y no es bueno para nadie. Quiero que estés completamente comprometido donde el Señor te ha plantado.

(Aquí es donde dejo de hablar, tomo otra deliciosa porción de panqueques, mastico y trago. Ahora vuelvo a mirarte.) Tercero, tampoco estoy sugiriendo que buscar un nuevo compañero de oración o un nuevo grupo de estudio bíblico dentro del amplio espectro de la población cristiana sea necesariamente el deseo de Dios para ti. Si declarara con certeza universal que Él escogerá el mismo camino para ti que el que ha escogido para mí, me saldría del contexto de todo el objetivo de este capítulo (es decir: Dios siempre es más grande que las cajas espirituales donde lo colocamos). Es probable que el Señor tenga en mente algo muy diferente para ti. Pero cada uno de nosotros debe considerar cuidadosamente si está dispuesto a aprender sobre Dios a través de las experiencias de los demás; otros que adoren de manera diferente, que oren de manera diferente, y que, a diferencia de tu iglesia, enfaticen otros aspectos de Su Persona. Me asombra ver cuánto se pierden los creyentes porque decidimos amputar otra parte del cuerpo de Cristo.

Por lo tanto, si la gente y la atmósfera de tu iglesia rutinariamente sofocan tu hambre espiritual, si sientes que creer que Dios puede obrar de manera sobrenatural no es bienvenido, si se ríen a tus espaldas por tomarte esto de ser cristiano un poco demasiado en serio, o si te sientes incómodo al expresarte porque hay demasiados ojos conocidos puestos sobre ti, necesitas, de vez en cuando, reunirte con personas que no te inhiban. Personas que no te observen demasiado de cerca y que no tengan miedo de dejar todo por Jesús. Ir más allá significa estar dispuesto a salir de la acogedora zona de comodidad.

El populacho

Muy bien, ¿y qué tiene que ver todo esto con la liberación de Israel de Egipto? Vuelve al pasaje de Números 11, donde comienza la discusión entre los israelitas sobre la cuestión del pescado, las cebollas y los ajos, y presta atención sobre quién fue que comenzó toda esta queja: «Al populacho que iba con ellos le vino un apetito voraz» (v. 4, NVI).

El interés de Israel por volver a la tierra de su esclavitud estuvo instigado por el «populacho» o la chusma que vivía en la periferia del campamento. Este grupo estaba formado por gente de diversas nacionalidades que habían salido de Egipto con el pueblo de Dios, pero que nunca se fusionaron completamente con ellos ni adquirieron los valores y estándares de Israel[4]. Con seguridad, se sintieron aliviados por estar libres del pesado yugo de esclavitud, pero no participaron de las razones más importantes por las que Dios sacó a Su pueblo de allí. No sentían el mismo llamado a seguir al Señor con todas las fuerzas.

El versículo 4 es sumamente revelador. «Al populacho que iba con ellos le vino un apetito voraz. Y también los israelitas volvieron a llorar, y dijeron: "¡Quién nos diera carne!"» (v. 4, NVI). No sólo identifica la primera camada de agitadores, sino que también muestra que el descontento comenzó a esparcirse en la mentalidad israelita como un fuego forestal que infectó a casi todo el pueblo de Dios con una indiferencia hacia Su bondad, una perversa ingratitud hacia Su bendición y un hambre inapropiado de lo mismo que comían antes. La murmuración del «populacho» tenía algo de contagioso. El contingente de personas negativas instaba a continuar la relación amorosa con las costumbres y las provisiones de Egipto o, al menos, a dudar de que Dios tuviera mucho más en Su tierra prometida que valiera la pena buscar.

Mira a tu alrededor y considera a quienes te acompañan. Al pensar en tus relaciones interpersonales más íntimas —incluso aquellos que se sientan contigo en el banco los domingos por la mañana— ¿la mayoría pertenece al «populacho», a la chusma; personas que son salvas, que han sido libradas del lazo del enemigo, pero que buscan la plenitud de Dios con poco entusiasmo? ¿Son meros asistentes a la iglesia, cristianos de nombre, personas que están en el viaje, pero que sólo van montados en el carro de otros? No te equivoques; la actitud de ellos afectará inevitablemente la tuya.

¿Qué cambio experimentarías si buscaras a Dios y le pidieras que te envíe a esos hombres y mujeres que apasionadamente buscan Su corazón, personas que lo siguen donde Él los guíe, incluso a expensas de la comodidad y aunque haya un costo que pagar, aun cuando delante de ellos se extienda hasta el horizonte un territorio sin mapa? ¿Qué sucedería si deliberadamente los buscaras? ¿Qué pasaría si tus mejores amigos fueran personas cuya presencia despierta en ti el deseo de buscar algo más que lo que has conocido de Dios hasta este punto? ¿Qué sucedería si tu deseo de encontrarte cara a cara con Dios estuviera alimentado constantemente por amigos cercanos y conocidos cuyas experiencias con Él fueran un tema de conversación común y natural? ¿Con cuánta rapidez y soltura te ayudarían a correr hacia la tierra prometida?

Nada de sectores

«No permitas que la iglesia empañe tu visión de Dios», advierte el autor Tommy Tenney[5]. Nunca hubo intención de que la iglesia fuera un impedimento entre tú y tu experiencia completa de la vida abundante en Cristo. Precisamente, al revés, la iglesia es la bendita comunión con Dios y con otros, para rodearte de compañeros de viaje que tienen hambre de santidad, que son dados al servicio y apasionados en la oración, y que están dispuestos a alentarte. Es lo que hacen por ti; es lo que tú haces por ellos; es lo que más honra a Dios: tomar juntos con seriedad las cosas que a Él más le importan.

Pero aun una iglesia que tenga fundamento bíblico, a veces puede ser culpable de quitarle experiencia y expectativa a la Palabra. Puede estar llena de personas más interesadas en cómo se ven en el banco que en cómo deberían verse impactadas sus vidas mientras están sentadas allí. De igual manera, hay congregaciones que se concentran tanto en la emoción y en la experiencia, que dejan la Palabra en el asiento de atrás.

Jesús declaró que las palabras dichas a sus seguidores «son espíritu y son vida» (Juan 6:63). No sólo hay que estudiarlas, examinarlas y hacer lecturas comparadas y detalladas, sino también obedecerlas activamente para que demuestren la participación de Dios en los sucesos actuales, aquí mismo, en nuestro propio tiempo y espacio. Ambas cosas son importantes y deben estar equilibradas en la vida de cada uno de nosotros. Se espera que Su Palabra se tome como autoridad y que luego salgamos de los bancos de la iglesia a vivir la vida mediante el poder del Espíritu. Debería convertirse en lo que *esperamos* que suceda, no meramente en lo que reconocemos como cosas que sucedieron siglos atrás.

¿Esta clase de expectativa caracteriza a tu clase de escuela dominical? ¿Tus reuniones de adoración rebosan ante la expectativa de lo que Dios desea hacer a continuación en ti y en tu congregación? Si alguien entrara accidentalmente a una reunión de comité o a una asamblea de toda la iglesia, ¿sabría que no está en el Rotary Club? ¿Vería personas de rodillas orando? ¿Oiría otra cosa que no fueran comentarios sobre deportes y el pronóstico del tiempo? ¿Sabría que se encuentra entre gente cuyos ojos están puestos en Canaán, cuyos corazones laten para servir al Dios viviente, cuya razón de estar juntos es gozar de Su presencia y esperar que el Espíritu Santo los una en una misma dirección y propósito?

Mira, no existe la iglesia perfecta. Todos podemos encontrar defectos y problemas para señalar. Esto no es una invitación a seguir criticando al pastor o a culpar a la hermana tal y tal por ser anticuada y apagada. Es cierto que algunos en la iglesia tienen la responsabilidad de pastorear el rebaño y guiarlo en la misión con la sabiduría de Dios, pero *todos* somos responsables de cómo nos relacionamos con el Padre. Si te desagrada lo que experimentas como cristiano, admito que es probable que los demás no te estén ayudando demasiado. Sin embargo, en última instancia, no es culpa de ellos. Si sientes que hay un bloqueo entre tú y la comunicación abierta con el Padre, debes ser severo con la persona que encuentras cuando te miras al espejo.

Pero ¿sientes que debes escoger entre la iglesia y Dios? ¿Sabes que la Biblia les promete a los creyentes otras cosas a las cuales tu iglesia parece hacer caso omiso o incluso oponerse?

Leslie sabe cómo te sientes. Es una joven de veintitantos años que hace tiempo es creyente, pero que recién ahora está comenzando a comprender, a tomárselo en serio, a profundizar en la Palabra por sí sola. Sin embargo, a medida que madura espiritualmente, está empezando a darse cuenta de que varias tradiciones y creencias sostenidas incondicionalmente que le enseñaron en su hogar y en su estricta y legalista denominación no parecen coincidir con la Escritura. Se siente atada por reglas humanas que no ve en la Biblia.

Michelle tiene cincuenta y tantos; también hace mucho tiempo que es creyente y miembro de una iglesia, pero lo que Dios ha estado haciendo en ella en este último tiempo han sido cosas fenomenales; sencillamente, algunas de las experiencias más íntimas que ha tenido con Él. Nunca se ha sentido tan cerca de Dios, con tanto deseo de encontrarse con Él por la mañana, con dificultad para cortar esa comunión e irse a la cama. Pero principalmente, se trata de algo personal. No se sentiría demasiado cómoda contando lo que experimenta cuando ora, estudia y medita en la Palabra. La enseñanza y la teología en su iglesia parecen tan seguras, y se dan por sentadas. Pero la manera en que Dios está buscándola en este mismo momento y cómo responde a su adoración no es aburrido en absoluto. ¿Su iglesia diría que se trata de un error si supiera que Él tiene un contacto tan íntimo con ella?

Kyle creció en una iglesia carismática donde lo normal era esperar que Dios obrara de manera sobrenatural. Le enseñaron que cuando se tiene suficiente fe, las compuertas de los cielos pueden abrirse repentinamente para derramar prosperidad y bendición a cualquiera que crea de verdad. Pero estos últimos años no han deparado otra cosa que una prueba tras otra. Las mismas oraciones que solían dar resultado, ahora parecían no darlo, por más emoción o exaltación que alcanzara. La gente de la iglesia le dice que siga clamando por un milagro. Kyle está comenzando a preguntarse si esta teología tiene alguna respuesta para el sufrimiento humano.

Cada uno de nosotros lleva consigo una caja de nuestra propia visión de Dios. No son necesariamente visiones incorrectas. Son tan sólo aquellas que hemos compilado y reunido a lo largo del tiempo. Algunas cosas en nuestra caja provienen de tradiciones y crianza, otras, de lo que enseña nuestra iglesia, y otras más, de lo que hemos leído en la Biblia y experimentado en la vida. En el interior están todas nuestras creencias y suposiciones respecto a quién es Dios y cómo obra. El problema no es que tengamos una caja, sino que tenemos el atrevimiento de ponerle una tapa. Nos atrevemos a encerrar a Dios en nuestras nociones humanas, predeterminadas y limitadas en cuanto a Su naturaleza y habilidad. Por lo tanto, en esencia, ya no esperamos que Él sea para nosotros o que haga por nosotros cualquier cosa que se encuentre «fuera de la caja».

Dios no entra en cajas. Es verdad que Su carácter es predecible, pero es impredecible Su actividad. Por lo tanto, de vez en cuando, viene y nos da vuelta la caja patas arriba. Sacude el contenido. Desbarata las prolijas pilas que hemos hecho para que Él sea manejable y nuestras vidas estén en orden. El Señor nos golpea con una situación que no está contemplada en nuestra caja teológica, y nos vemos obligados a tomar una decisión: ¿nos retiramos a nuestra zona de comodidad y nos desilusionamos de Él porque no obra como a nosotros nos gusta o lo tomamos como una invitación a aventurarnos en un área vulnerable, donde confiar en Dios se convierte en lo único seguro, a la espera de conocer un aspecto de Su carácter que no hemos visto antes?

Este sacudón no pretende vaciar tu caja de todo lo que contiene; pero, cuando comienzas a hacer preguntas y a escudriñar las Escrituras, Dios te da información y perspectivas nuevas —cosas que solían estar fuera de la caja—, y las edifica sobre el fundamento que ya ha establecido en ti. Tal vez sea necesario desechar algunas cosas por estar equivocadas, pero no se trata tanto de un proceso de tamizado como de un proyecto de construcción.

Él no necesita sacar algo para hacerle lugar a otra cosa. Esta es una oportunidad para que Dios crezca en tu mente, para romper la tapa, para tener un sí sobre otro sí.

Los hijos de Israel le habían rogado a Dios que los librara de Egipto y, cuando llegó el momento, Él lo hizo. Sin embargo, aun después de toda la angustia mental y física que habían invertido en desear una salida, rápidamente —¡y cuán rápidamente!— se resistieron a lo que requería la libertad. Los primeros tiempos luego de la salida de Egipto mostraron un pueblo que detestaba los cambios, incluso los *buenos* cambios. Se negaban al desafío. Se paralizaron ante la primera insinuación de una exigencia. Dios no se quedaba en Su caja. Además, no estaban del todo seguros de querer una relación personal con Él, si para liberarlos tenía algo más en mente que la sencilla transacción de sacarlos de la esclavitud.

Todos menos dos de ellos.

Es decir, uno en un millón.

Y aunque no te insto a que busques la puerta más cercana de la iglesia a la que llamas hogar, te digo que afuera hay muchos «uno en un millón» con los que necesitarías relacionarte. Es probable que algunos de ellos ya estén rindiendo culto en el mismo lugar que tú y que oren pidiéndole a Dios que los guíe para encontrar a alguien que pueda ofrecerles la misma clase de aliento que tú estás buscando. Pero esta hambre también puede ser la manera en que Dios te lleve a buscar a otros en el cuerpo de Cristo que no deberían quedar excluidos de tu confianza y amistad sólo porque tienen un enfoque ligeramente distinto sobre algún asunto de teología insignificante o secundario. Los uno en un millón no están confinados a una iglesia o denominación. Aunque están plenamente comprometidos con *su* iglesia y denominación, no le dan vuelta la cara a los demás. Saben que otros que aman al Señor como ellos tienen algo para contribuir a sus cajas, aunque sean un poco diferentes.

Comprenden que dos personas que viven en lados diferentes de la misma montaña pueden presentar perspectivas que el otro nunca antes contempló en su totalidad. Es probable que uno esté más familiarizado con el lado rocoso y sí en condiciones de testificar de la fortaleza de la montaña y de su solidez. Probablemente, el otro conozca más un aspecto de la montaña que exhibe sus árboles y cascadas, y que pueda hablar por experiencia propia de su suavidad y de las fuentes donde refrescarse. Ninguno está equivocado. Sin embargo, tampoco está totalmente completo. Y lejos de sentirnos amenazados por otros creyentes que miran las cosas desde un ángulo diferente o que les dan un énfasis distinto, deberíamos saber que siempre es bueno crecer en nuestra comprensión de Dios. Mojarnos un poquito bajo un diluvio santo puede parecer extraño, pero no nos matará.

Mujeres sensacionales

Como mencioné, una de las cosas más bondadosas que el Señor ha hecho por mí últimamente es colocar, de manera estratégica, individuos en mi vida que me han tomado de la mano y me han ayudado en mi viaje a Canaán. Para ser sincera, mientras me inclinaba hacia esta clase de relaciones, tanto dentro como fuera de mi iglesia, he cortado las conexiones con otras personas (la chusma, el populacho), gente que no parece tomarse en serio esto de salir de Egipto y dejar atrás esas cadenas rotas. Me he interesado mucho más en estar con gente cuyo objetivo es tener una experiencia alucinante y transformadora con el Dios vivo de la Biblia. Las llamo «mujeres sensacionales»; personas que oran y creen, que piden y esperan, que me escuchan y me corrigen. No pienses, ni por un instante, que creo haber llegado a algún nivel avanzado de santa perfección. Por el contrario, he guardado estas relaciones con tanto celo porque, si no estuvieran cerca para darme una mano, me hubiera visto fácilmente tentada a tirar todo por la borda.

He quedado atónita ante las mujeres increíblemente piadosas que me han presentado desde que acepté la invitación de Dios a disfrutar de la abundancia. Mientras que sólo las buscaba orando de rodillas, milagrosamente, Dios hizo que nuestros caminos se cruzaran de las maneras más increíbles. Desde la mujer que conocí en el hotel y en el grupo de estudio bíblico al cual todavía asisto, hasta los creyentes secretos, renegados y radicales que sin saberlo han estado delante de mi nariz todo el tiempo, en Su gracia, Dios me ha permitido recibir aliento de parte de aquellos que son uno en un millón, gente de fe y de poder en el Espíritu Santo.

No sabía que estas relaciones aportarían una influencia tan grande, pero lo hicieron. Una mujer, en lugar de decirme que dejara de soñar despierta, oró conmigo pidiendo un milagro. Otra me ayudó a acometer una experiencia espiritual única sin juzgar el resultado. Incluso otra me desafió a tener fe cuando la mía estaba disminuyendo. Durante un período en particular en que la guerra espiritual estalló en mi vida, una hermana peleó con armas espirituales en oración en lugar de llevarme a tomar un café para «levantarme el ánimo». Estas mujeres sensacionales son la cuerda de salvamento enviada por Dios para esta etapa de mi viaje. No permiten que me quede al este del Jordán. Ayudarme a cruzar a la tierra que fluye leche y miel (a la vez que me permiten ayudarlas a cruzar a ellas) es nuestra misión unida. Y es una misión sensacional, créeme.

Pero ni tú ni yo podemos trepar jamás hasta esa cornisa emocionante con Dios hasta que hayamos aceptado y aplicado Su liberación en nuestras vidas. Nunca conoceremos la libertad hasta no conocer la liberación. Recién cuando le demos la espalda a Egipto y nos neguemos a mirar atrás podremos poner de verdad nuestra vista en Canaán. La liberación viene primero; de lo contrario, el destino no llega jamás.

Sabemos con certeza que los primitivos hebreos no pusieron la tierra prometida en la mira; no lo hicieron durante muchos años, hasta que pagaron el precio con vidas enteras de esfuerzo desperdiciado y de privilegios sin reclamar. Sabemos que trazaron más círculos que líneas rectas, que muy pocos estuvieron dispuestos a ser «uno en un millón» y a escoger, con valor, vivir lo que habían recibido. Era demasiado fácil seguir la corriente de la multitud, demasiado tentador aceptar la opinión del populacho, demasiado reconfortante encontrar seguridad en los números.

Entonces, por su ejemplo, sabemos que la liberación es más que un disparo de salida, y que va más allá de una línea de llegada. La liberación que Dios nos da no sólo nos saca de Egipto, sino que también tiene el propósito de llenar nuestro calendario de liberaciones diarias durante todo el camino hacia la gloria.

Y si llueve un poquito por el camino, quizá sólo signifique que la primavera está mucho más cerca.

Segunda parte:

El perfeccionamiento

*...prosigo a la meta, al premio del supremo llamamiento de Dios
en Cristo Jesús.*

Filipenses 3:14

CAPÍTULO 5

El largo camino a casa

LA PELÍCULA *SEABISCUIT,* ESTRENADA EN 2003, cuenta la historia verídica
de un caballo de carrera pura sangre despojado de su potencial por sus
dueños originales. Pequeño para su pedigrí de campeón, lo habían azotado
despiadadamente intentando hacerlo correr y ganar. A los tres años, se había
convertido en un animal terco y nervioso con una historia de fracasos y
una intensa resistencia al entrenamiento. Con poco peso y fuera de estado
para correr, parecía destinado a retirarse de su carrera. Literalmente.

Sin embargo, un nuevo dueño y un nuevo entrenador trabajan con él
para volver a darle posibilidades, al descubrir lo que parecía ser su secreto
para la victoria: siempre lograba los mejores resultados cuando los otros
caballos estaban bien junto a él, donde podía ver el reto por el rabillo del ojo
y percibir el ahínco de su competidor presionando para desafiarlo. Carrera
tras carrera, triunfo tras triunfo, esta estrategia convirtió a un ganador en
potencia en un ganador constante.

Finalmente, luego de una carrera larga y exitosa, Seabiscuit se lesionó y quedó fuera de juego; pero en forma inesperada, en la primavera de 1940, reapareció para correr la carrera de Santa Anita, por 100.000 dólares, uno de los premios más altos en todos los deportes. Para entonces, tenía siete años, viejo según las normas de las carreras. Ya había corrido esta carrera dos veces y había perdido por una nariz en ambas oportunidades, así que, tenía pocas probabilidades de seguirles el paso a los caballos más jóvenes y más fuertes.

Pero allí estaba, mostrándose impaciente en la puerta de largada. *¡Yyyy… largaron!* Encerrado en medio de todos los caballos mientras relinchaban en las curvas, parecía seguro que quedaría atrás de los que iban a la cabeza. Sin embargo, de algún modo, encontró un espacio abierto, y sorprendentemente se lanzó como un rayo hacia la delantera, seguido por un segundo caballo, Kayak, conocido como un veloz cerrador. Kayak se acercó más. Pronto, se encontraban cuello a cuello. Los ojos a la par. Cada vez con más ímpetu, buscando la delantera. El viejo Seabiscuit se vio espoleado por la visión del caballo que resoplaba a su lado. Encontró esa garra extra que lo estimulaba y salió a toda velocidad hasta la meta, para ganar en un tiempo casi récord.

La victoria de Seabiscuit requería tener un desafío a la vista.

Algunas veces, nosotros también necesitamos un poco de lo mismo para alcanzar la victoria.

Hemos comenzado nuestro viaje dejando atrás Egipto y nos encontramos en camino hacia la tierra prometida… *¡libres!* Nos escabullimos de los confines de la esclavitud y pisamos tierra libre. Hemos comenzado con un trote suave y no queremos obligarnos a llevar un paso más agotador. Pero como veremos —tanto en las vidas de los hebreos como en las nuestras—, la liberación no lleva directamente a una vida fácil. La próxima parada no es un hotel *Shangri-La*. Estamos a punto de entrar en una fase de *desarrollo* que es tan crucial para experimentar la vida abundante tal como sucedió con nuestra liberación inicial. La libertad de por sí no es suficiente para transformarnos en el pueblo que Dios desea. Y no te quepa la menor duda de que Su meta es *transformarnos* más que *llevarnos* a Canaán. Si queremos conocer el sabor de la victoria, no sólo su apariencia, necesitamos que Él nos ayude como nosotros nunca se lo hubiéramos pedido. Caminos inesperados. Incluso algunas veces, caminos difíciles.

Entonces, es probable que como Seabiscuit, al mirar hacia ambos lados, veas desafíos en tu vida que hubieras preferido no encontrar tan rápidamente. Tal vez tengas que lidiar con una enfermedad potencialmente peligrosa o que te frustra a diario. Quizá estés luchando contra algunos problemas de relaciones interpersonales que hacen que siempre haya tensión y que las cosas no se resuelvan nunca. Tal vez hayas recibido el golpe de una circunstancia o tragedia repentinas que te cambiaron la vida y te afectaron de manera tan profunda que piensas que nunca lo comprenderás. O es probable que simplemente estés transitando una etapa de la vida que no te gusta.

No puedes imaginar que esto era lo que Dios tenía en mente cuando te sacó de Egipto. En realidad, es precisamente aquello por lo que has orado pidiendo que *no suceda*. Es totalmente imposible que Él te haya puesto en esta situación, a menos que te esté castigando por algún motivo. ¿Acaso, el Señor no sabe que puedes correr mucho mejor sin todos estos obstáculos en el camino, sin que te acose un problema tras otro? Daría la impresión de que debe de existir un camino más directo hacia la vida abundante. Este está abarrotado de cosas y es confuso al tener que correr a la par de todo esto.

Pero una vez más, es probable que Él sepa, como sabían los entrenadores de Seabiscuit, que los desafíos sacan a la luz el potencial que hay en ti, un potencial que no sabías que estaba allí. No es suficiente salir de Egipto. Dios quiere que Egipto salga de ti.

Esto, muchas veces, lleva a algunos interesantes... *perfeccionamientos*.

El paseo

Cuando los hebreos salieron de la esclavitud de Egipto, la distancia que los separaba del sur de Canaán era de unos 240 km. Trasladándose a una velocidad cómoda y teniendo en cuenta todas las variables posibles al movilizar tanta gente por esa clase de terreno, los historiadores sugieren que podrían haber hecho el viaje en poco menos de un mes. Sencillo, aunque no tenemos forma de saber si ellos estaban al tanto de eso o no. Lo más probable es que sí. Caminando por la senda principal junto al mar Mediterráneo, no sólo podían llegar a Canaán en 30 días, sino que también podían ver un paisaje hermoso todo el tiempo. Se habían preparado tanto física como mentalmente para un viaje bastante corto, pero en la intersección del oeste de Egipto y Éxodo 13, el camino comenzó a venírseles abajo.

Éxodo 13 plantea un problema complicado que aun hoy tratamos de quitarnos de encima. Con la tierra prometida a un paso, Dios hizo algo que probablemente haya parecido tan cruel como increíble. Fíjate si puedes detectarlo:

«Cuando el faraón dejó salir al pueblo israelita, Dios no los llevó por el camino que va al país de los filisteos, que era el más directo, pues pensó que los israelitas no querrían pelear cuando tuvieran que hacerlo y que preferirían regresar a Egipto. Por eso les hizo dar un rodeo por el camino del desierto que lleva al Mar Rojo. Los israelitas salieron de Egipto formados como un ejército» (vv. 17-18, DHH).

Aparentemente, Dios no tenía encendido el mapa satelital de Google.

Pero puedes estar seguro de que tenía en vista a los hebreos, y sabía que para que Su pueblo experimentara a pleno la leche y la miel, también necesitaba tener algunas cosas en vista, cosas que los israelitas nunca hubieran buscado por su cuenta, pero que convencían a quienes viajaban a Canaán de que la vida *abundante* puede tener lugar en la vida *real.* Dios quería que se encontraran cara a cara con algunos desafíos para pesos pesados, de modo que pudieran aprender a aplicar Su poder en cualquier situación. ¿De qué sirven los hijos de Dios libres que quieren volver a Egipto «en sus corazones» (Hech. 7:39)?

Entonces, bienvenido al desierto.

Y no te sorprendas si Dios quiere «conducirte» allí.

Admito que, ante esto, siento deseos de volver a invitarte a comer panqueques para conversar cara a cara, porque sé lo que es leer estas palabras inesperadas de la Escritura en frío. Si estuviéramos allí, me acercaría y te palmearía el hombro mientras asimilas esta parte del viaje. Amigo, el desierto es un lugar donde ya he estado, lo mismo que tú. Puede tratarse del lugar donde vives en este momento. Si es así, es probable que me mires a los ojos y me digas, lisa y llanamente, que te sientes frustrado frente a esta situación.

Nuestras temporadas en el desierto son, probablemente, más variadas de lo que imaginamos. Quizá tengas bajo tu cuidado a padres ancianos, cuyas constantes necesidades, sumadas a demandas muchas veces irrazonables, añaden tensión a todo: desde el pagar las cuentas hasta cosas simples como mantener las lentes de lectura al día. Tal vez eres una persona soltera que nunca imaginó su viaje sin un cónyuge, pero el tiempo vuela y todavía no ha llegado nadie a tu vida. Quizá hace tiempo que estás casado, pero no has podido tener hijos, por más intentos que hayas hecho.

Tu desierto puede ser financiero: una carrera mensual entre tú, la correspondencia y el saldo de tu chequera. Puede tratarse de una profesión que está más estancada que nunca, o de una serie de reparaciones del auto y en el hogar que parecen no terminar, o de un ministerio al que estás absolutamente seguro de que Dios te ha llamado, pero respecto al cual, sea por lo que sea, Él no parece dispuesto a iniciar o no se parece a lo que te imaginabas. Tal vez, tu desierto actual y prolongado tiene que ver con una situación trágica que te tomó desprevenido e hizo tambalear tu mundo como así también tu corazón.

Frustrante. Sencillamente, frustrante al extremo.

O como deben de haberlo visto los israelitas al mirar el desierto seco y polvoriento que se extendía kilómetros y kilómetros ante ellos, en dirección opuesta a Canaán.

Frente al desierto

«Y partieron de Sucot y acamparon en Etam, a la entrada del desierto» (Ex. 13:20).

Allí estaba. El desierto. Desde el campamento en Etam, podían verlo, mientras tosían por la tierra que se arremolinaba con el caliente viento del desierto. El último lugar donde hubieran querido llevarlos sus cansados pies. Tanto tiempo desperdiciado en ese inhóspito desierto.

Según los versículos 21-22, sabemos que Dios ya había ido «delante de ellos de día en una columna de nube [...] y de noche en una columna de fuego»; una manifestación de Su presencia que no los abandonó ni por un minuto. Este era su sistema de guía. Así determinaban los planes del viaje. Por el último ratito, la nube divina se detuvo sobre Etam, el lugar donde Dios quería que acamparan y tomaran aliento. Desde este asentamiento, podían mirar hacia el norte y ver la ruta más fácil y conveniente a Canaán, probablemente repleta de comerciantes que transitaban por una de las principales carreteras de la región. Pero también podían sentarse y mirar hacia el sur, donde no veían otra cosa que el desierto, el seco y polvoriento desierto, y la columna de nube de Dios que les indicaba que lo siguieran hacia lo inhóspito.

¿Qué harías en una situación así? ¿Cómo responderás cuando estés en Etam con la clara visión de un camino más cómodo, pero a la vez, con la certeza de que la presencia de Dios te guía en otra dirección? Los israelitas tenían que tomar una decisión así: ¿debían regresar y transitar lo que parecía el camino más seguro hacia donde se dirigían o debían continuar siguiendo a Dios, con la plena seguridad de que la dirección en que Él iba los llevaría a un trayecto más difícil?

Tal vez te encuentres en un lugar así, acampando en tu Etam personal. ¿Sigues adelante con este difícil matrimonio? ¿Continúas intentando criar a estos hijos difíciles? ¿Aceptas la soltería como una forma de vida, al menos por ahora? ¿Sufres de una manera u otra sin permitir que se convierta en amargura, sin que eso te desvíe del camino que Dios sabe que necesitas tomar para experimentar la vida abundante con Él?

Luego de dos años de casados, Jerry y yo nos sentamos y contemplamos el desierto. Una prueba de embarazo nos había confirmado, temprano por la mañana, una sorpresa que no esperábamos. Nuestro primer bebé estaba en camino. Y aunque nos tomó un poquito desprevenidos, ambos estábamos más entusiasmados de lo que podíamos expresar. Sólo una cosa se interponía entre nosotros y una verdadera celebración: al día siguiente, debíamos estar en Chicago donde tendría que hablarle a una gran audiencia en un encuentro de mujeres de una iglesia local. Tendríamos que esperar algunos días antes de poder volver a casa e imaginar, de verdad, las posibilidades.

Salimos de la ciudad y llegamos al lugar de la conferencia. Pasó el tiempo, hasta que llegó el momento de la reunión. Justo antes de subir a la plataforma, pasé por el baño. De repente y sin ningún aviso, descubrí que algo andaba terriblemente mal. Llamé a Jerry, que vino corriendo a ver lo que sucedía. Nos miramos mutuamente en medio del temor y el pánico, sin estar seguros de qué hacer ni de qué significaba aquello. Luego de algunos momentos cargados de emoción, un golpecito suave en la puerta interrumpió nuestra secreta desesperación. Varios cientos de mujeres me esperaban, prácticamente en la habitación contigua. Debía reunir la fuerza para salir.

Eso hice. Y de alguna forma, lo logré. Durante la siguiente hora, mantuve la boca en movimiento, en tanto que mi mente giraba a toda velocidad llena de preocupación.

En cuanto pude salir, telefoneamos al médico en Dallas y fijamos una cita para el día siguiente. La ecografía reveló lo que más temíamos. Habíamos perdido a nuestro primer hijo. En el lapso de unas doce horas, habíamos pasado de la euforia a la devastación. Al desierto.

Todo era sequía.

Todo era polvo.

El sol ardía intensamente y hacía que quisiéramos renunciar. Nada tenía buen sabor. Nada parecía bien. Pero algo era seguro: estábamos frente a un desafío revelador. ¿Nos retraeríamos para encerrarnos en alguna caparazón de seguridad que aparentemente nos protegería de volver a sentir este dolor o permitiríamos que el hediondo aliento de la tragedia nos motivara a correr con mayor rapidez hacia los brazos de Dios, confiando en que Él conoce la mejor manera de llevarnos donde más queremos estar, aunque el mejor camino (por razones que tal vez nunca sepamos) sea este?

A esta altura, quisiera dejar algo en claro: *el desierto no es necesario para alcanzar la abundancia espiritual.* No hay seguridad de que pases una considerable porción de tu vida allí. Es cierto que vivimos en un mundo caído y que tal vez el desierto forme parte de la experiencia de todos en un momento u otro. Pero eso no quiere decir que podamos afirmar con absoluta certeza que el futuro te depare alguna tragedia devastadora. Primero y principal, escucha lo siguiente: «Dios es amor» (1 Juan 4:16), y «los juicios de Jehová son verdad, todos justos» (Salmo 19:9). Él tiene toda la capacidad para usar el desierto cuando sabe que lo necesitamos, cuando esto forma parte de Su propósito y metodología para hacernos crecer y usarnos. Sin embargo, no nos lanza a situaciones difíciles por mera diversión. Tampoco es sólo una cuestión de tiempo hasta que salga nuestro número.

Conclusión, no tienes por qué sentir terror de Dios ni estar siempre preguntándote cuándo o cómo te dejará caer en un tiempo de prueba. Por otra parte, tampoco deberías tener miedo de la tragedia, como si no pudieras soportarla nunca. Lo que sí debemos considerar es cómo responderemos si descubrimos que la voluntad del Señor es que atravesemos una experiencia de desierto ahora.

Ver es creer

Por lo general, la primera reacción que tenemos ante la aparición de un suceso así es buscar y fijarnos qué hemos hecho para causarlo. Es cierto que Dios es lo suficientemente fiel como para saber (como nos sucede a nosotros con nuestros hijos) que el dolor breve de la corrección vale la pena frente al premio a largo plazo del carácter. Pero en términos generales, la Biblia parece decir que el desierto no es una consecuencia directa de algo específico que hayamos hecho. No es el equivalente espiritual de una paliza o un castigo. El desierto, por más extraño que parezca, suele no ser más que (escucha con atención ahora) la voluntad de Dios. Es el plan que Él ha escogido para nosotros.

¿Puedes creerlo? ¿Lo *creerás*?

Amigo, no puedo explicarlo, pero puedo decirte, por experiencia y según la Palabra de Dios, que el camino que Él elige (sí, *elige*) para guiarnos mientras viajamos hacia la vida abundante es, a menudo, más desafiante, más tedioso, más solitario, más indirecto y más costoso de lo que esperábamos. No siempre, pero con frecuencia.

Sin duda, el dramático relato histórico de Job presenta esta realidad con lujo de detalles. El primer versículo del primer capítulo señala claramente que se trataba de un hombre «perfecto y recto, temeroso de Dios y apartado del mal». Todos los que lo conocían podían decir que era la personificación de lo que el diccionario define como rectitud. Tenía una esposa que lo amaba. Su casa estaba llena de hijos. Tenía toda clase de propiedades y posesiones. Podía descansar cómodamente dentro del «cerco» que Dios le había proporcionado para proteger todo lo que poseía del deterioro, la ruina y la destrucción (1:10). ¡Job sí que sabía lo que es bueno! Y parecía ser esa clase de hombre que hay uno en un millón, que podía tener todo eso sin que se le subieran los humos a la cabeza.

Entonces, por lo que sabemos, Dios le permitió al enemigo arremeter contra la vida de Job, y no porque Satanás se hubiera pasado de listo con el Señor o porque le hubiera dado con mano dura. No, Dios había señalado a Job, y había dicho: «¿No has considerado a mi siervo Job, que no hay otro como él en la tierra, varón perfecto y recto, temeroso de Dios y apartado del mal?» (1:8). Bueno, tú sabes lo que sucedió después. En una rápida sucesión, sus siervos fueron asesinados, el ganado fue hurtado por unos bandidos o cayó muerto en una tormenta, y hasta sus diez hijos murieron en medio de una tragedia natural. Pronto su salud se deterioró de tal manera que los amigos que fueron a comprobar los daños ni siquiera lo reconocieron.

Este era un hombre que amaba a Dios, un hombre cuya reacción inicial a este horrendo cambio de rumbo en su vida fue el siguiente: «se levantó, y rasgó su manto, y rasuró su cabeza, y se postró en tierra y» —¿qué?— «adoró» (1:20). ¿Por qué habría de llevar Dios al desierto a una persona como esta?

Tal vez la respuesta que buscamos se encuentra al final de la terrible experiencia de Job. Luego de una larga y tortuosa carrera a través de algunas de las situaciones más secas y polvorientas que el hombre jamás haya conocido, Job estuvo en condiciones de articular algo que nunca antes hubiera podido expresar con estas palabras. Le dijo al Señor: «De oídas te había oído» —allá cuando estaba seguro y a salvo en mi mundo feliz y sin preocupaciones— «mas ahora mis ojos te ven» (42:5). Ahora te conozco por *experiencia*.

Recuerda lo que planteó Dios como la razón de guiar al pueblo lejos de la ruta por tierra a Canaán, aunque esta estaba «cerca»: «Para que no se arrepienta el pueblo» (Ex. 13:17). Esta palabra «arrepentirse» proviene de una raíz hebrea que significa «lamentarse o cambiar de modo de pensar, volverse atrás»[6]. Es verdad, una marcha hacia el norte hubiera sido el camino más corto, pero no quiere decir que hubiera sido la mejor manera de que se cumplieran los propósitos de Dios en ellos. Su principal propósito no era guiarlos a Canaán lo más rápido posible, sino transformar sus mentes. Estaba guiando a todo un pueblo al punto en que tuvieran un propósito unificado, donde Dios fuera su meta. Su principal objetivo al liberar a Su pueblo fue lo que repetidas veces le dijo a Moisés que le transmitiera a Faraón. «Deja ir a mi pueblo, para que me sirva» (Ex. 8:1). Deseaba que supieran esto de Él: «yo soy Jehová vuestro Dios, que os sacó de debajo de las tareas pesadas de Egipto». Quería que supieran —que *supieran*— que sería fiel para llevarlos a la tierra que había jurado darles a «Abraham, a Isaac y a Jacob» (Ex. 6:7-8). Deseaba que Su pueblo lo conociera… por experiencia.

El Señor había planeado librarlos de Faraón con el propósito de disponer el corazón de Su pueblo para servir y adorar al Dios de sus padres. La fase del desierto fue la etapa de perfeccionamiento diseñada para grabar en sus corazones la absoluta confianza en la capacidad de Dios para proveer para sus necesidades. No era suficiente con que hubieran oído todas esas historias sobre Él; era hora de que conocieran de primera mano al Narrador de las historias. Era hora de que las historias produjeran un cambio en ellos.

Deja que suceda

¿Te encuentras en un período desértico en este momento? Tal vez estás tambaleante debido a alguna circunstancia trágica que parece no tener sentido en este momento. O quizá, simplemente te encuentras en una fase de la vida que, por una razón u otra, no te hace del todo feliz. Es un tanto molesta, cansadora y lenta. ¿Estarías dispuesto a considerar por un momento que no se trata de un castigo, de un accidente ni de un poco de negligencia por parte de Dios, a quien aparentemente no le importa de verdad si vives o mueres, o lo que sea que te sucede?

¿Te preguntarías qué deseas realmente en la vida? ¿Es sólo ser feliz, estar en paz, cómodo? ¿Es que te dejen tranquilo para hacer lo que quieras sin tener que vivir cara a cara con los desafíos, las dificultades y las carencias? ¿O quieres entrar en una relación íntima con el Padre cuyo propósito al guiarte es darte la oportunidad de conocer —*conocer* de verdad— a aquel que te hizo, te desea y te ama.

El salmista Asaf admitió que estaba bastante cansado de encontrarse en el desierto. Y no sólo de estar allí, sino de tener que observar, al mismo tiempo, personas que ni siquiera pensaban en Dios, que no les importaba, que lo desestimaban y que, sin embargo, andaban felices por la vida, sin tener que vérselas con el desierto. ¿Qué me dices de esto? «Verdaderamente en vano he limpiado mi corazón, y lavado mis manos en inocencia; pues he sido azotado todo el día, y castigado todas las mañanas» (Sal. 73:13-14). ¡Y estoy harto de todo eso!

Así se sentía sinceramente hasta entrar «en el santuario de Dios» (v. 17)... hasta acercarse a aquel que había estado usando la presión de los problemas no para enterrarlo, sino para atraerlo hacia sí. Y en ese lugar de cercanía y comunión, descubrió que era mucho más precioso que Dios lo persiguiera que recibir de Su parte un mero alivio a sus problemas.

«¿A quién tengo yo en los cielos sino a ti? Y fuera de ti nada deseo en la tierra. Mi carne y mi corazón desfallecen; mas la roca de mi corazón y mi porción es Dios para siempre. Porque he aquí, los que se alejan de ti perecerán; tú destruirás a todo aquel que de ti se aparta. Pero en cuanto a mí, el acercarme a Dios es el bien; he puesto en Jehová el Señor mi esperanza, para contar todas tus obras» (vv. 25-28).

Es sumamente fácil desilusionarse con Dios aquí en el desierto. Es sencillo pensar que Él nos ha olvidado, que no se preocupa por nosotros, que no nos ama. Es natural comenzar a preguntarse por qué lo mejor de uno mismo no basta para obtener al menos un poquito de alivio de este constante caos, de la asfixiante sequedad y del polvo.

Pero escucha, no tienes que entender el desierto. No tienes que encontrarle una solución. No tienes que estar en condiciones de explicarles a tus amigos de la iglesia por qué lo estás atravesando. Tu tarea como hijo sumamente amado y valorado por Dios es sencillamente *rendirte* al desierto, porque ese suele ser el único lugar donde nuestros deseos alocados finalmente pueden reducirse a lo siguiente: «Una cosa he demandado a Jehová, ésta buscaré; que esté yo en la casa de Jehová todos los días de mi vida, para contemplar la hermosura de Jehová, y para inquirir en su templo» (Sal. 27:4).

El desierto es la manera de Dios de hacernos desear lo único que vale la pena tener.

El desierto, amigo mío, vale la pena.

Y te afligió, y te hizo tener hambre, y te sustentó con maná, comida que no conocías tú, ni tus padres la habían conocido, para hacerte saber que no solo de pan vivirá el hombre, mas de todo lo que sale de la boca de Dios vivirá el hombre.

Deuteronomio 8:3

CAPÍTULO 6

¿Por qué a mí?

ELIZABETH: «MI MATRIMONIO SE HA vuelto un desastre. Mi esposo no sólo admitió tener una aventura amorosa, sino que ahora me dice que no tiene intenciones de dejarla. ¡No puedo creerlo! Supuestamente, este no era el giro que debían tomar las cosas para mí, para nosotros. Hace 28 años que estamos casados. Tenemos cuatro hijos. Jamás hubiera pensado que hoy estaría transitando un camino como este».

¿Por qué a mí?

Meagan: «Lo que más quiero es tener un bebé. Cuando tengo madres cerca, me pongo tan celosa que quiero llorar. Algunas veces, lloro *de verdad*. Pido disculpas, me escabullo al baño y las lágrimas me salen a torrentes. Soy consciente de que tengo mucho, y sin embargo, ¡me siento tan vacía! Y los médicos nos dicen que no tenemos esperanza».

¿Por qué a mí?

Steve: «Nunca llegaré a entender por qué me enviaron una notificación de despido. ¡Era un elemento valioso para esa compañía! Lo sé. Siempre hice un buen trabajo. Siempre recibí informes elogiosos. Ahora, aquí estoy sentado y sin posibilidades, sin nada a qué aferrarme que me dé esperanza. Ya hace un año que estoy sin trabajo. En este momento, no hay nada disponible. No sé cuánto más puedo soportar esto de sentirme tan inadecuado como esposo y padre... como persona».

¿Por qué a mí?

Pamela: «Algunas veces, me veo en esta silla de ruedas y sencillamente no puedo entenderlo. Era lo último que pensaba que me podía suceder. Una décima de segundo y todo cambió. ¿Cómo espera Dios que funcione con limitaciones como estas? Si hubiera nacido así, tal vez me sentiría de otro modo, no lo sé. Pero durante 29 años tuve movilidad, antes del accidente. Tenía libertad. Tenía todo. Ahora no tengo nada más que dolor. Nada más que problemas».

¿Por qué a mí?

Ailén: «Todavía sigo soltera. Supuestamente, la década de los treinta debía pasarlos como esposa y madre, criando una familia. Sin embargo, todavía estoy sola. No puedo creer que esta sea mi vida. Estoy aburrida y me siento sola. Por cierto, el césped parece más verde en el patio del vecino».

¿Por qué a mí?

Dos semanas después de que una amiga llamada Jenny pusiera su fe en Cristo, Dios le permitió concebir su primer varón. Ella y su esposo, Natán, ya tenían dos niñas encantadoras, así que, esta novedad prometía ser una nueva experiencia. Todos estaban muy entusiasmados.

Con varias semanas de retraso, finalmente llegó el pequeño Oseas. Tal como había sucedido antes con las niñas, cuando Jenny miró a su bebé a los ojos, la conexión en la sala de partos fue instantánea. Eso sucedió el 9 de abril a la 1:00 de la madrugada. Ahora eran cinco. Una familia grande y feliz.

Pero antes de que se cumpliera el mes, el 6 de mayo por la noche, Jenny estaba atareada preparando la cena, cuando su «sentido de madre» le dijo que algo andaba mal. Hacía media hora que Oseas tendría que haberse despertado para comer. Debería estar poniéndose nervioso. ¿Por qué no lo demostraba? Jenny dejó caer el cuchillo sobre la encimera y fue apresuradamente al dormitorio donde Oseas dormía, pero no estaba sólo dormido. Al acercarse a la cuna, lo encontró frío y azul.

Los momentos siguientes pasaron volando en medio de una nebulosa. La llamada al 911. Frenéticos intentos de realizar la RCP infantil del mejor modo que conocían. La llegada de la ambulancia. Las niñas aterrorizadas. La alocada carrera hacia la sala de emergencias. Es uno de esos momentos de los que has oído hablar, de los que has leído, pero que nunca quieres vivir, el médico con guardapolvo blanco abrió la puerta de la sala donde esperaban Natán y Jenny, y con un tono serio y compasivo les dijo: «No hay nada más que podamos hacer. Lo lamento». Me escribió una carta con las siguientes palabras: «¿Es este el desierto que Dios quiere que soporte?».

¿Por qué a mí?

Todas estas historias y sentimientos que me han expresado a través de mis pocos años en el ministerio repiten la misma lastimera pregunta, a la espera de alguna clase de respuesta tranquilizadora. Cada una de estas personas duda de que la realidad bíblica del desierto sea, muchas veces, la voluntad de Dios. ¡Qué enseñanza difícil de tragar! Hace que Dios parezca tan cruel e indiferente al permitir el dolor mediante un decreto deliberado, como si la vida no fuera ya lo suficientemente difícil sin necesidad de añadirle más problemas. Esta doctrina del desierto tiene colores discordantes en un mundo donde se supone que las combinaciones deberían ser mucho mejores.

Sabemos que la fe cristiana nos dice que esto tiene un significado:

«Hermanos míos, tened por sumo gozo cuando os halléis en diversas pruebas, sabiendo que la prueba de vuestra fe produce paciencia. Mas tenga la paciencia su obra completa, para que seáis perfectos y cabales, sin que os falte cosa alguna» (Sant. 1:2-4).

> «En lo cual vosotros os alegráis, aunque ahora por un poco de tiempo,
> si es necesario, tengáis que ser afligidos en diversas pruebas, para
> que sometida a prueba vuestra fe, mucho más preciosa que el oro, el
> cual aunque perecedero se prueba con fuego, sea hallada en alabanza,
> gloria y honra cuando sea manifestado Jesucristo» (1 Ped. 1:6-7).

Estas son verdades que podemos aceptar con nuestra mente. Podemos creerlas en teoría. Sin embargo, cuando el desierto sopla su viento seco y polvoriento, cuando las «diversas pruebas» vienen con nombres y rostros, y se abren camino hasta llegar a nuestra dirección postal, la mera creencia no siempre parece suficiente como para soportar la situación. Es fácil levantar los ojos a los cielos y preguntarle a Dios en voz alta: «¿Por qué a mí?».

Francamente, pienso que a Dios no le importa que le preguntemos eso. Job respondió a la multitud de problemas inexplicables que tenía, diciendo: «Por qué escondes tu rostro, y me cuentas por tu enemigo?» (Job 13:24). El profeta Habacuc clamó a Dios desde lo que parecía un exilio interminable junto con sus compatriotas: «¿Por qué miras con agrado a los que proceden pérfidamente, [y] callas cuando el impío traga al que es más justo que él?» (Hab. 1:13, LBLA). Jeremías trataba de reconciliar lo que conocía de Dios con lo que veía en la práctica, al exclamar: «Mas tú, Jehová, permanecerás para siempre; tu trono de generación en generación. ¿Por qué te olvidas completamente de nosotros y nos abandonas tan largo tiempo?» (Lam. 5:19-20).

¿Por qué?

¿Por qué a mí?

¿Por qué el desierto?

Evidentemente, esta es una pregunta demasiado compleja como para minimizarla con respuestas fáciles. Por cierto, algunas de las explicaciones están encerradas en la mente de Dios, razones que, por lo visto, Él sabe que no tenemos la madurez suficiente para manejar; una medida de comprensión que no podremos determinar hasta que nos sentemos a Sus pies (si es que nos importará alguna otra cosa más que la adoración cuando estemos allí).

Comenzamos a ver algunos esbozos de respuestas en el último capítulo de Job, al aprender sobre cómo Job respondió al sufrimiento, cuando dijo: «De oídas te había oído; mas ahora mis ojos te ven» (Job 42:5). También, gran parte del libro de Éxodo, desde el mar Rojo hasta el Sinaí y más allá, nos muestra que Dios ponía a Su pueblo en situaciones donde podían conocerlo por experiencia, donde podían ser testigos del alcance de Su poder junto con Su fidelidad. En parte, el desierto tiene sentido espiritual porque nos capacita para conocerlo más íntimamente de lo que lo hubiéramos conocido si hubiéramos quedado librados a nuestros propios deseos y recursos. De una manera inusual, inesperada y hasta indeseada, el desierto es el método de Dios para hacernos el favor que ni siquiera sabíamos que necesitábamos.

Pero, sin duda, eso no es todo. Si te preocupa pensar que Dios te permita recorrer un tramo difícil tan sólo para que puedas conocerlo mejor —si te suena increíblemente falto de tacto, rayando en lo desalmado—, considera que, casi siempre, el desierto es más seguro que la alternativa.

En el caso de los hebreos, la alternativa al desierto era «el camino de la tierra de los filisteos» (Ex. 13:17), no precisamente un paseo por la calle Fácil. Las planicies de Filistea estaban repletas de enemigos hostiles que no tenían reparos en clavar las pezuñas. Además, el norte del Sinaí (otra región por donde los israelitas no pasaron rumbo al desierto) era una zona fuertemente militarizada en aquellos días. El ejército egipcio mantenía una poderosa presencia allí, protegida por una serie de fortalezas que lo aventajaban sobre cualquiera que pasara por allí sin estar preparado ni armado[7]. Dios sabía que estas zonas estaban repletas de enemigos peligrosos y asesinos. Y aunque, sin duda, el desierto no era Disneylandia, el camino a través de Filistea no era un crucero de placer. El Señor usaba el camino del desierto para protegerlos, aunque Su pueblo no lo supiera.

¿No es esto lo que sucede generalmente? Lo único que sabemos con certeza es lo que vemos en nuestra situación. Desde ese punto donde el césped del vecino es más verde, es fácil vestir nuestras tierras imaginarias de fantasía con colores que combinen con el arco iris. Pero no podemos saber, como Dios sí sabe, cuáles habrían sido las duras realidades que hubiéramos tenido que enfrentar en lugares donde nunca hemos estado. Por tanto, para protegernos del peligro, algunas veces, Él nos encierra en áreas que, aunque tal vez sean extremadamente incómodas e indeseables, son mucho más seguras de lo que nos damos cuenta, mucho menos dolorosas de lo que *podríamos* estar experimentando.

Él no sólo nos protege de personas y situaciones peligrosas, sino también de nosotros mismos. Por ejemplo, fíjate en la salida de Egipto de los hebreos, «formados como un ejército» (Ex. 13:18), como si realmente supieran lo que estaban haciendo. La raíz de «formados» es un derivado del término hebreo *kjamesh*, que quiere decir «cinco». El pueblo de Dios salió en una formación oficial compuesta por cinco divisiones: una delantera, un centro, dos alas y una retaguardia[8]. Es casi gracioso. La imagen de esta gente flexionando sus músculos larguiruchos y atándose los equipos caseros, un montón de delgados constructores de ladrillos fingiendo tener habilidad en el arte de la batalla, ¿a quién trataban de engañar? ¿A qué clase de enemigo pensaban que podían vencer?

Dios sabía que no iban a infundirles temor a los ejércitos salvajes blandiendo los puños y arrojando piedras. Además, la batalla que en definitiva estaban llamados a pelear era espiritual. Pueden haber *pensado* que estaban listos para enfrentar a todos los que se les opusieran, pero Dios sabía que, sin duda, el encuentro con los filisteos terminaría en completa derrota y los disuadiría de los propósitos que tenía para ellos. Además, todavía necesitaban recibir mucha preparación en sus corazones y almas.

En realidad, después de todo un año, *todavía* no estaban listos. Ante la aterradora visión de los habitantes de Canaán, de inmediato dijeron: «Designemos un capitán, y volvámonos a Egipto» (Núm. 14:4). Bien avanzado el viaje, la vasta multitud (con la notable excepción de dos «uno en un millón») no quería avanzar confiando en que el Dios Todopoderoso pulverizaría a sus enemigos y les haría germinar un nuevo hogar en la tierra prometida. Dios no los había llamado a salir de Egipto con destino a Canaán para lograr victorias; los había llamado para lograr intimidad.

Tú y yo no podemos saber quiénes seríamos si no fuera por el desierto. No podemos estar completamente seguros de que llegaremos a ser baluartes de la fe sin haber pasado algún tiempo de entrenamiento espiritual. Hasta el gran apóstol Pablo fue enviado a Arabia y a otros lugares solitarios durante tres años, luego de su dramática conversión a Cristo (ver Gál. 1:15-18), para conocer a Dios en maneras fundamentales que lo prepararían para su histórico ministerio en el mundo del primer siglo... y en nuestras vidas. Por cierto, Pedro se encontró tambaleando en el desierto luego de negar a Cristo, pero ese fue un tiempo valioso para convertirse en el fogoso predicador de Pentecostés. En el ocaso de su vida, Juan fue exiliado como prisionero a la isla de Patmos, un desierto como pocos, pero aparentemente, el punto ideal para que Dios se le revelara en toda Su gloria vertiginosa.

Es probable que en medio de nuestro desierto seco y polvoriento no podamos ver ninguna buena razón ni ninguna buena intención por parte de Dios al llevarnos allí. Pero una vez más, no es tarea nuestra interpretar el desierto. Si tan sólo nos rendimos a los propósitos que el Señor tiene para nosotros allí, Él nos protegerá de nosotros mismos y nos preparará para nuestro destino.

Cosas para recordar

El relato bíblico del tiempo que los hebreos pasaron en el desierto nos da el beneficio de obtener una visión más clara del propósito de Dios para el viaje que la visión que ellos pueden haber tenido. Si nos adelantamos a los últimos años de su viaje por el desierto, recibiremos ayuda mientras reflexionamos en medio de nuestro trayecto. Tras 40 años de viaje, cuando Moisés había llevado a los hijos de Israel al borde de la tierra prometida, los llamó a un tiempo de reflexión, recordándoles lo que habían aprendido en el desierto y ayudándolos a recibir una respuesta sobre por qué Dios lo había permitido.

«Acuérdense de todo el camino que el Señor su Dios les hizo recorrer en el desierto durante cuarenta años, para humillarlos y ponerlos a prueba, a fin de conocer sus pensamientos y saber si iban a cumplir o no sus mandamientos» (Deut. 8:2, DHH).

Lo que había quedado claro de sus 40 años de vagar por el desierto era que Dios había usado ese tiempo para «humillarlos». No para *humillarlos* como lo había hecho el faraón de Egipto, sino para arrancar el orgullo que les impediría ser un pueblo sumiso y dispuesto a aprender, que pudiera recibir la vida abundante con gratitud y perspectiva. Al humillarlos, saldrían a luz las verdaderas intenciones de sus corazones y su nivel de compromiso para obedecer.

Estoy seguro de que conoces gente que, luego de experimentar una muestra visible de la bendición de Dios en sus vidas, llegan a pensar que deben de haber hecho algo especial que justifique ese favor. Estoy seguro de que has conocido tiempos en que las cosas te iban muy bien y sentiste que podías aflojar un poco tus sentimientos de desesperada dependencia de Dios. Eras capaz de manejar las cosas desde aquí. Él podía ir a prestarle ayuda a algún otro que la necesitara más.

El desierto es, a menudo, la manera que Dios tiene de recordarnos que no somos tan grandes, tan fuertes ni tan independientemente capaces como creemos. Sin duda, la crianza de niños pequeños me ha enfrentado a esta realidad durante los últimos siete años. Seamos sinceros: algunas partes en el viaje de la maternidad son secas y polvorientas, pero las plantas rodadoras que vuelan por el paisaje de las demandas prosaicas y cotidianas me han hecho buscar a Dios con mayor fervor, extender mi mano hacia Él con mayor pasión, depender de Él con más constancia que nunca. Una y otra vez, me siento humillada al ver mi incapacidad para manejar las demandas diarias, mi inclinación a la impaciencia y mi necesidad de resistencia divina para seguir adelante. El viaje por el desierto hace que nunca nos levantemos sin sentir una total necesidad de Su amor, provisión y cuidado. Nos recuerda la realidad de que incluso cuando rebosamos salud, cuando somos los más autodisciplinados, cuanto más estamos en la cima de nuestro programa diario, seguimos dependiendo de Sus bendiciones. Estamos aquí gracias a Él. Algunas veces, se necesita el desierto para ayudarnos a recordar.

Y el Señor sabe que la humillación inevitablemente nos revelará quiénes somos en realidad y qué hay en lo profundo de nuestros corazones. El desierto está diseñado «para probarte, para saber lo que hay en tu corazón» y es conveniente saberlo ahora porque servirá de ayuda luego.

Como cualquier buen maestro, Dios desea descubrir si lo que estamos aprendiendo son sólo un montón de nombres y fechas que guardamos en la mente o si finalmente están comenzando a unirse para formar algo que se parezca a la comprensión. Quiere ver si estamos dando el salto que nos lleva a dejar de tener Su Palabra en el papel para tenerla en nuestros corazones, para ver si todo el tiempo que hemos pasado sentados en los bancos de la iglesia se está reflejando en el andar diario.

Recuerdo una época particular en la vida, cuando nuestra situación financiera era especialmente endeble. Llegaban las cuentas y nuestro ingreso no aumentaba. Es probable que conozcas esa sensación aterradora cuando parece que se desmorona el fondo de tu cuenta bancaria. Y cada vez que hablábamos al respecto, me quejaba a mi esposo por lo difícil que era vivir en estas condiciones.

Un día, de modo similar a la amiga que mencioné al principio de este capítulo, Jerry había escuchado todas las quejas que podía soportar y secamente me dijo en medio de su frustración: «Priscilla, ¿vamos a confiar en Dios en esto o no?». La crudeza de su pregunta me tomó realmente por sorpresa. Comencé a responder, pero mi esposo conocía mis motivaciones. Ahora podía ver con mucha claridad lo que verdaderamente se cernía sobre mi corazón: ingratitud e incredulidad. Estaba reprobando la prueba.

Dios estaba permitiendo que atravesáramos un terreno donde los números en las hojas de cálculos no coincidían con las necesidades que teníamos. Esto no era un error. No significaba que Dios era malo. Era una prueba para revelar lo que había en nuestros corazones: confianza o duda.

Nos mentimos tan fácilmente a nosotros mismos. Lo común es que pensemos que somos estudiantes que superamos al promedio, con corazones puros y motivaciones claras. Pero por lo general, lo único que deseamos es el camino más fácil y más barato. No nos agrada tanto la fase de perfeccionamiento porque, en realidad, no tenemos demasiado interés en descubrir la verdad de quiénes somos ni de procurar que nuestros corazones y mentes sean moldeados genuinamente para que deseen lo que Dios desea.

¿Recuerdas la obra de Broadway y la película para niños *Annie*? Cuando se ofrece una recompensa para los verdaderos padres si iban y la buscaban en el orfanato, una pareja que fingía ser la mamá y el papá apareció para llevarse a su «hija». Pero cuando ella les impidió salir rápido porque necesitaba detenerse para usar el baño (¡dime si las niñitas no son buenas para esto!), el enojo y la frustración de ellos reveló sus verdaderas intenciones. El primer problemita en su plan descubrió sus verdaderos deseos: lo único que querían eran el dinero, no la niña. Así como nosotros sólo deseamos la dulce imagen familiar, no la atención que necesitan nuestros hijos cuando nadie mira. Del mismo modo que deseamos la imagen profesional, no la disciplina y la tarea necesarias para llegar a serlo. Así como sólo deseamos la imagen del buen miembro de iglesia, no el arrepentimiento que se nos requiere a diario si deseamos rendir culto con auténtica reverencia y avidez.

¿Deseamos al Dador de la promesa o sólo la tierra prometida? El desierto tiene la cualidad de revelar nuestras verdaderas intenciones y de llevarnos a amar al Dador para poder experimentar genuinamente la promesa.

Por último, Dios usó el desierto para ver «si habías de guardar o no sus mandamientos». Nos guste o no, la obediencia no está colgada en nuestro guardarropa cuando nos levantamos por la mañana, toda almidonada y planchada, rogando que nos la pongamos. Por lo general, está sumergida en las pilas de ropa sucia. Debemos esforzarnos por buscarla, como el calcetín que, por alguna razón, quedó fuera del lavado. Es decidir entre hacer que funcione lo que tenemos o siempre necesitar algo nuevo de la tienda. La obediencia requiere esfuerzo, y sin el desierto, no poseemos el tono muscular ni la resistencia para semejante esfuerzo. Sin Su disposición paternal para ponernos a prueba y fortalecernos, no podemos pedir valor para obedecer a Dios incluso frente a un desafío. Como dijo el legendario pastor y educador británico Charles Spurgeon, el desierto es «Oxford y

Cambridge para los estudiantes de Dios. Allí fueron a la universidad y Él les enseñó y los capacitó, y obtuvieron su título antes de entrar a la tierra prometida»[9].

Si te encuentras en el desierto preguntándote «¿por qué a mí?», date cuenta de que hay muchas cosas que suceden a tu alrededor, en tu entorno y en tu interior que te están llevando a alguna parte. Es aquí donde llegas a conocer a Dios más íntimamente que nunca. Es aquí donde experimentas un nuevo nivel de confianza, donde crees cada vez que Dios no permitirá que seas presionado «más de lo que podéis resistir» (1 Cor. 10:13). Aquí desarrollas los tesoros difíciles de ganar de la humildad, la autenticidad y la obediencia, y te encuentras más preparado que nunca para abrazar por completo la vida de la tierra prometida que Él te tiene reservada.

No gastes toda tu energía tratando de pasar rápido por el desierto o deseando que se termine. Dios te está preparando para Canaán. Y una vez que estés allí, disfrutando de la abundancia de Sus promesas, experimentando a Dios en la plenitud de gozo, tu corazón humilde, agradecido y obediente quedará maravillado en la alabanza...

¿Por qué a mí?

[Dios] puede hacer muchísimo más que todo lo que podamos imaginarnos o pedir, por el poder que obra eficazmente en nosotros.

EFESIOS 3:20 NVI

CAPÍTULO 7

Espera un milagro

HACÍA SÓLO TRES AÑOS QUE estábamos casados y nuestra relación ya era un desquicio. Yo no podía hablarle a *él*. Él no podía hablarme a *mí*. Cada intento de mejorar las cosas sólo terminaba en una discusión a gran escala. Sinceramente, teníamos más paz cuando no estábamos juntos sino con nuestros amigos o haciendo nuestras cosas, que cuando lo estábamos. ¿Alguna vez te ha sucedido?

Mi esposo, preocupado por las demandas de un trabajo absorbente y otras cuestiones personales, me había alejado bastante de su vida. Yo le había hecho lo mismo, al descuidar sus necesidades y esperar que simplemente él lo superara. Habíamos caminado sobre esta delgada línea emocional un mes enloquecedor tras otro, hasta que el matrimonio ya no era divertido para ninguno de los dos. Estaba llegando al punto —como le conté en repetidas ocasiones a una de mis mentoras espirituales— de estar realmente lista para darme por vencida.

Y aquí estábamos sentadas otra vez, mi sabia amiga y yo, masticando comida en uno de nuestros restaurantes favoritos, mientras yo no cesaba de hablar y de quejarme. Siempre podía contar con su paciencia y su comprensión. Ya había oído todo esto antes, pero siempre estaba dispuesta a escuchar.

Sin embargo, en este día particular, decidió que ya no lo iba a hacer más. Así de sufrida como es, pareció sorprendentemente fuera de lo común cuando interrumpió mi cantinela al reclinarse sobre su silla, suspirar profundamente, golpearse con el índice los labios y mirarme fijo, con ojos que me dejaron saber que mi fiesta de autocompasión había... bueno, terminado.

Cuando finalmente abrió la boca para hablar, las palabras salieron con la autoridad de Dios que las respaldaba. «Priscilla, sabes que creo en los milagros. De hecho, estoy segura de que una de las razones de los períodos de desierto en nuestras vidas es llevarnos a una posición donde comencemos a esperar más de Dios de lo que nunca antes esperamos. Pienso que es hora de que dejes de lloriquear y quejarte, muchacha, y comiences a pedir (¡comenzar a anticipar!) que Dios obre de manera sobrenatural».

¡Pincha *eso* con tu tenedor y cómetelo!

Pero, bueno, tenía razón. Me había encontrado entre la espada y la pared. Y como siempre, había decidido que todo era tan complicado que nadie podía hacer nada al respecto. Lo que había olvidado (¡otra vez!) y lo que mi amiga y mentora me había desafiado osadamente a recordar era lo siguiente: *el desierto aumenta las oportunidades de ver a Dios haciendo milagros,* no sólo en algún lugar lejano o entre gente que lo merece más. El desierto abre la puerta para que Dios muestre Su poder sobrenatural aquí mismo, en mi vida, en tu vida.

En nuestras experiencias. En nuestras emociones. En nuestro vacío.

Ningún sitio donde ir

Dios puede hacer un milagro en tus experiencias, lo sabes.

¿Estás viviendo una situación o una circunstancia en que necesites desesperadamente ver una obra milagrosa de Dios? Los israelitas sabían cómo te sientes. No se habían alejado mucho de Egipto cuando el Señor le dijo a Moisés: «Di a los hijos de Israel que den la vuelta y acampen delante de Pi-hahirot, entre Migdol y el mar hacia Baal-zefón; delante de él acamparéis junto al mar» (Ex. 14:2). Frente al mar Rojo: el que pronto se convertiría en el escalofriante telón de fondo de una de las situaciones más sorprendentes en toda la historia humana.

Cuando el Faraón se enteró de cuál era la ubicación de los hebreos, se dio cuenta de que el desierto los había «encerrado» (v.3) y que no tenían forma de escapar. Entonces, con cientos de jinetes egipcios y carros a la zaga, condujo una salida a toda mecha para recapturar su semillero de esclavos. ¿Y dónde los encontró? «Al lado de Pi-hahirot, delante de Baal-zefón» (v. 9), justo donde Dios los había ubicado estratégicamente.

Esto es demasiado fácil, debe de haber pensado Faraón. Como suspender una dieta en el negocio de rosquillas.

Con las olas del mar Rojo que se arremolinaban frente a ellos y el ejército de Faraón que los encerraba, los israelitas reaccionaron de manera lógica frente a esta clase de aprieto:

«Y dijeron a Moisés: ¿No había sepulcros en Egipto que nos has sacado para que muramos en el desierto? ¿Por qué has hecho así con nosotros, que nos has sacado de Egipto? ¿No es esto lo que te hablamos en Egipto, diciendo: Déjanos servir a los egipcios? Porque mejor nos fuera servir a los egipcios, que morir nosotros en el desierto» (vv. 11–12).

Sin embargo, su lógica era incorrecta en muchos sentidos y estaba plagada de sarcasmo. A la cultura egipcia le fascinaba la muerte y la vida después de la muerte, y su paisaje estaba lleno de tumbas sumamente elaboradas[10]. Por lo tanto, recordar Egipto como una nación sin tumbas era sencillamente una manera solapada de señalarle los errores a su líder. Hasta era casi irrisorio. Además, la manera en que Dios exigió la liberación de los israelitas de Egipto difícilmente podría haber dejado la impresión de que se encontraban allí por accidente, nada más que para «morir en el desierto». Todas las ranas, el granizo, los mosquitos y los forúnculos con que Dios había plagado a los egipcios —no una vez, ni dos, sino *diez*— habrían comenzado a crear un registro entre este pueblo y su Dios. A esta altura, tendrían que haber tenido una confianza estable en Yahvéh. El mar Rojo no era la primera experiencia que habían tenido en la cual necesitaban que Dios hiciera un milagro para conducirlos a lugar seguro. Por cierto, habían visto que sus familias habían sido libradas de la muerte, mientras que todos los primogénitos de Egipto, de todos los rincones de la tierra, habían muerto a la medianoche. ¡Y hacía sólo una semana que había sucedido!

Pero ¿no es esta nuestra manera habitual de ser? Tendemos a olvidar las maneras milagrosas en que Dios ha obrado con nosotros en el pasado —incluso en el pasado reciente— cuando se presenta una nueva experiencia que requiere la intervención sobrenatural. Nos olvidamos que Su mano muchas veces desconocida e invisible, de protección y liberación, nos hizo seguir adelante, cuando pensábamos que ya no podíamos más. Miramos atrás y nos concentramos en aquel momento antes de que nuestros problemas alcanzaran un punto sumamente peligroso y se convirtieran en verdaderas emergencias, y envidiamos la aparente sensación de tranquilidad que solíamos disfrutar (olvidando que, entonces, nos quejábamos con tanta fuerza como ahora).

Lo único que podemos sentir son las paredes que se acercan. La única seguridad que tenemos es que no hay salida. Sólo podemos ver hordas egipcias a un lado y el vasto mar Rojo al otro.

Entre la espada y la pared.

Pero, amigo mío, este es el lugar de Dios, el lugar donde desea mostrar Su poder hacedor de milagros en tu vida.

La posición de los israelitas frente a la amplia boca del mar Rojo no era un error. Dios sabía que necesitaban ver una poderosa demostración de Su poder, una que les causara una impresión duradera, que fuera un recordatorio visual de exactamente qué puede hacer Él cuando toda esperanza se ha ido, que los acompañara más adelante en el viaje. Los quería en un lugar donde la única opción fuera una obra milagrosa de Dios a favor de ellos, un incidente que sirviera de monumento conmemorativo para toda la nación a lo largo de los siglos por venir.

«Hubiera yo desmayado», escribió David tiempo después, «si no creyese que veré la bondad de Jehová en la tierra de los vivientes» (Sal. 27:13). Le habían contado historias como estas. Había sido testigo ocular de la liberación de Dios en su propia vida. Este es el propósito de nuestros mares Rojos: no frustrarnos y desanimarnos, no retorcernos de desesperación, sino generarnos entusiasmo y expectativa de ver lo que Dios está preparando; «la bondad de Jehová en la tierra de los vivientes». En ti. En mí.

¿Te encuentras en una circunstancia similar a la del mar Rojo? ¿Estás atrapado entre la espada y la pared? ¿Te encuentras acorralado frente a una decisión que debes tomar en las siguientes 48 horas? ¿Estás hundido en un problema terriblemente complejo, sin dinero suficiente para comprar el boleto de salida ni buenas respuestas aunque lograras salir?

Entonces, te encuentras en un punto envidiable, como los hebreos que estaban allí cuando las aguas de aquel mar se separaron formando dos muros estruendosos a ambos lados de ellos. Lo único que tenemos para ver es la versión de la película de los años 50 con Charlton Heston. Grandioso, pero nada como haber estado allí. Nada comparable a sentir la descarga de adrenalina que corría por sus venas mientras caminaban apresuradamente sobre tierra seca; cuando miraban hacia abajo y no veían barro en sus sandalias. Nada como observar 400 años de opresión egipcia arrojados al fondo del mar por la contracorriente del poder del Dios todopoderoso.

Cuando has visto esto, ¿qué más necesitas volver a ver? Cuando te han rescatado de manera tan milagrosa de una situación de vida o muerte, esperarás lo inesperado cada vez que tengas oportunidad.

¿No es cierto?

Bueno, tal vez, durante tres días.

El espejismo de Mara

De acuerdo, hacía calor. Tampoco había televisión por cable ni sábanas limpias esperándolos cada vez que se detenían por la noche. Es verdad que es pesado transportar agua bebible. Yo misma lo he experimentado cuando he ido al garaje para traer un botellón de agua envasada. Te tensiona la espalda y las rodillas; aun con el aire acondicionado encendido y un lugar donde sentarte luego.

Pero a poco de su espectacular liberación en el mar Rojo, después de saltar en alabanza y celebración durante casi todo un capítulo, en Éxodo 15, doblaron en dirección este hacia el desierto de Shur. Y a tan sólo tres días de camino, la provisión de agua comenzaba a terminarse y no había fuentes a la vista.

Sin embargo, el problema pareció resolverse cuando, en el versículo 23, «llegaron a Mara», y la visión les hizo recordar el mar Rojo... a no ser porque el agua que encontraron era amarga, no se podía beber, y probablemente estaba llena de «sal, minerales y hasta tal vez, veneno»[11]. Imagina la frustración y el disgusto de la gente cuando, luego de caminar trabajosamente tres calurosos días en un desierto semiárido, se lanzaron hacia el pozo de agua que parecía contener la gran provisión de Dios, pero tuvieron que escupirla. Demasiado asquerosa. Incluso para alguien muerto de sed.

¿Por qué derramaría Dios un vaso de agua intomable frente a una multitud deshidratada?

Cristal hizo una pregunta como esta hace poco. Con sus 31 años, su inteligencia, sus agallas y su capacidad de expresión, acababa de completar el programa de capacitación de la *Mortgage Bankers Association* [Asociación banquera de créditos hipotecarios]. Esto le generó grandes expectativas de aumentar sus posibilidades de trabajo y de entrar en una apasionante carrera cargada de oportunidades. Sus profesores de la universidad y antiguos empleadores habían llenado su carta de referencia con informes brillantes respecto a su habilidad, su actitud y los beneficios que podría brindar a cualquier compañía que tuviera la suerte de contratarla. El proceso de entrevistas fue un poquito lento, como puede suceder: promesas iniciales seguidas de demoras, seguidas de señales promisorias, seguidas del clásico «hablamos nuevamente la semana que viene». Pero al fin, llegó el día cuando quien estaba al otro lado de la línea le hizo una propuesta de trabajo. Una excelente propuesta. Hasta hubiera podido decir que se trataba de su trabajo soñado. «¿Puede comenzar en dos semanas?»

Pero dos días antes de comenzar a trabajar —luego de muchas celebraciones y de una buena cantidad de compras que incrementaron su guardarropa— en el correo de la tarde, llegó una prolija carta. Parece que una gran empresa afiliada había comprado la compañía de su nuevo empleo, transacción que desde hacía tiempo venía planeándose, pero que acababa de oficializarse. Este nuevo emprendimiento significaría algunos cambios en el departamento en que ella debía trabajar. Su puesto había sido eliminado. Le retiraban la oferta.

Casi todos los viajes por el desierto tienen un momento como el de Mara: un lugar donde estás seguro de que el refrigerio está al alcance de la mano. Todo ha estado preparándose. Se ha creado el entorno ideal. Seguro que está por llegar la ayuda que has buscado desde hace tiempo. Has tenido calor, has estado cansado y frustrado. Has gemido y te has quejado hasta quedarte dormido durante demasiado tiempo. Has decidido que puedes resistir hasta este momento: cuando parece que la suma correcta de dinero finalmente llegará, cuando al fin aparecerá el alivio que necesitas, cuando por fin la respuesta será sí.

En cualquier momento, tu novio te hará la pregunta. El médico ha dicho que es casi seguro que este remedio es la cura para tu enfermedad. Tu cónyuge está dando todos los indicios de que por fin volverá, tanto física como emocionalmente. El ascenso que has estado esperando está a días de ser tuyo. Tu agente de inversiones te asegura que el riesgo que corriste el trimestre pasado te redituará en este.

¡Ah!… una bebida fresca en medio de un ardiente viaje.

Entonces, corres precipitadamente, listo para zambullirte en la supuesta seguridad de la liberación de Dios. Has orado por esto. Han sucedido cosas delante de tus ojos. ¡Esta tiene que ser la respuesta! ¡No cabe duda!

Sin embargo, a último momento, tu ascenso lo recibe algún otro. Los papeles del divorcio te llegan a la puerta. Perteneces al 1% de personas cuyo cuerpo rechaza esta forma particular de medicación. Caen los precios de las acciones. Tu prometido decide terminar con la relación. Las aguas de Mara resultaron ser sólo un espejismo de satisfacción. No te gratificaron como pensabas.

Aquí estás otra vez, en medio de la desilusión.

Sanidad emocional

Dios puede hacer un milagro en tus emociones, lo sabes.

Si has asentido con la cabeza al leer los últimos párrafos, sin dificultad para ubicarte en uno o más de estos escenarios, si sabes exactamente a lo que me refiero cuando hablo de los momentos Mara, también sabes que el agua amarga puede convertirse en un corazón amargado en momentos como estos, puede aplastar tu espíritu y arruinar tu resolución. Cuando los demás te han desilusionado, cuando te sientes frustrado con Dios por llevarte a un lugar donde no hay nada que apague tu sed, puedes desbordar, como las aguas de Mara, de venenosa amargura. El espejismo de Mara puede hacer que tu corazón se enoje y se endurezca.

Había una espada. Había una pared. Y ahora, hay un lugar injusto.

Sin embargo, sigue siendo el lugar de Dios.

El objetivo de Dios para nuestro viaje no es sólo que veamos Su poder en acción en nuestras *experiencias,* como lo demostró en el mar Rojo, como lo ha demostrado en tu vida cuando las cosas se veían negras y Él trajo la luz nuevamente. El Señor también quiere ver Su milagroso poder en acción en nuestras *emociones.* Por eso, cuando Moisés clamó a Dios, y este le mostró un árbol, él «lo echó en las aguas, y las aguas se endulzaron» (v. 25). En un rápido movimiento de vulnerabilidad y obediencia, Moisés descubrió que Dios estaba listo para actuar y aliviar tanto la sed del pueblo como sus emociones cansadas. Lo que era amargo se volvió dulce.

¿Estás amargado por la mano con que se te ha tratado? Algunas veces, Él permitirá que nos enfrentemos con una experiencia que potencialmente podría producir amargura, para que podamos ver Su habilidad para obrar milagros en nuestro estado de ánimo. Quiere que sepamos que nuestra inclinación natural hacia la amargura y el enojo puede detenerse mediante la intervención de la mano salvadora de Su gracia, con la posterior transformación de nuestra mente, de nuestro estado de ánimo y de nuestra motivación, que sólo puede provenir del mismo Señor. Una palabra de Dios y lo amargo puede volverse dulce, amigo mío. Y cuando llegue el día en que puedas levantar la vista durante un momento Mara con esperanza, con gratitud y —aun luego de todo esto— con la sincera expectativa de que Dios todavía puede hacer lo inesperado, sabrás que no has adquirido estos sentimientos de confianza por tu propia tenacidad. Están allí sólo por el poder sobrenatural de Dios que realiza un milagro en tus emociones.

Sólo Dios puede traer una sonrisa al rostro de alguien que está atravesando la amarga experiencia del divorcio.

Sólo Dios puede suscitar un suspiro de alivio en la boca seca de alguien que está luchando contra una enfermedad.

Sólo Dios puede llevar paz al corazón de alguien que está destrozado por la conducta díscola de su hijo.

Sólo Dios puede silenciar los temores estridentes de la mujer cuyas preocupaciones la mantienen despierta toda la noche.

Sólo Dios puede alentar sentimientos de confianza y contentamiento en aquel cuya condición financiera está en peligro.

Entonces, cuando Moisés —que estaba tan sediento como todos los demás—probó por sí mismo el agua amarga y oyó las escandalosas quejas de la multitud, no amenazó con el puño ante tanta mala suerte. Sabía cómo manejar la amargura. Su primera reacción fue clamar al Señor, el único lugar de donde sabía que podía recibir ayuda.

«Y Jehová le mostró un árbol» (Ex. 15:25).

Ahora bien, si Moisés se hubiera puesto furioso, si se hubiera unido a la multitud en su deseo de volver a buscar un poco de agua decente como tenían en Egipto, si hubiera estado harto de tener que vivir de desafío en desafío, se habría perdido el milagro que Dios deseaba hacer. Algunas veces, podemos estar tan concentrados en algo en particular, en una conducta especial a nuestro favor que esperamos de Dios, en ese momento preciso en que se supone que Él puede aparecer y hacer algo espectacular, que no comprendemos Sus propósitos más altos.

Todo esto viene por tratar de *solucionar* el desierto, en lugar de *rendirnos* ante él. Algunas veces, aquello mejor que Dios quiere hacer simplemente necesita un poco más de tiempo de espera. Quizá diez días, tal vez hasta diez meses o diez años, o —en el caso de los hebreos— probablemente unos diez minutos.

Cuando te has enfrentado a una verdadera desilusión, cuando la amargura quiere seguir envolviéndose alrededor de tus hombros, y cada vez se hace más difícil quitársela de encima, sigue el ejemplo del líder de Israel y clama a Dios en medio de tu lucha. Y aun cuando Él sepa en Su soberana voluntad que todavía no es tiempo de obrar un milagro en tu experiencia, te asegurará que es hora de permitirle que obre un milagro en tus emociones. Tal como lo hizo con Moisés, te mostrará exactamente lo que debes hacer para tomar ese tremendo dolor que sientes y —lo creas o no— convertirlo en un hito dulce que te recuerde a diario cuán grande, fuerte y poderoso es tu Dios.

Algunas veces, lo que más necesitamos no es un cambio de circunstancias; en ocasiones, lo que más nos hace falta es un cambio de corazón. Y cuando Él lo hace, cuando nos rescata de nuestra rutina de enojo, venganza, chisme y amargura, no lo hace para que estemos felices sólo en ese momento. Debemos recordarlo la próxima vez que nuestras emociones ejerzan presión sobre nosotros y nos quieran hacer caer en la trampa. Debemos recordar el historial de Dios para sentirnos con más confianza de depender de Él cuando comenzamos a sentir sed otra vez.

O cuando sentimos hambre.

La despensa del cielo

Dios puede hacer un milagro en tu vacío, lo sabes.

Esta caminata con Dios por el desierto procura ayudarnos a ver que eso que Él puede lograr en un área de nuestra vida también se aplica a otras. En realidad, se aplica a *todas* las otras. Dios «probó» al pueblo en las aguas amargas de Mara (Ex. 15:25), y a las pocas semanas, decidió probarlos otra vez (16:4): en esta ocasión, en la escuela culinaria.

Recuerda, es probable que hubieran hecho planes para un viaje de unos 30 días desde Egipto hasta Canaán. Entonces, cuando llegaron al día 40 y no se encontraban ni remotamente cerca de la leche y la miel, es fácil imaginar que la provisión de comida hubiera disminuido. Lo que podían suplir por sí mismos había menguado y ya no les quedaba nada. ¿Dios habría tenido esto en cuenta cuando decidió enviarlos en dirección opuesta al lugar al que intentaban llegar?

Anteriormente, habían tenido sed y Dios les había provisto lo que necesitaban. Ahora que comenzaban a experimentar hambre, confiarían en que Él supliría sus necesidades, teniendo en cuenta Su historial de fidelidad, o... No lo hicieron.

«Ojalá hubiéramos muerto por mano de Jehová en la tierra de Egipto, cuando nos sentábamos a las ollas de carne, cuando comíamos pan hasta saciarnos» y bla, bla, bla (v. 3). Ya hemos oído esto antes. Por lo que decían, parecía que Dios los había llevado allí para matarlos, como si los egipcios no hubieran hecho un muy buen trabajo en ese sentido durante generaciones.

Pero cuando crece nuestra exasperación ante la conducta de los israelitas, ¿no podemos ver una gran dosis de nosotros mismos en sus palabras y reacciones? Dios había demostrado Su fuerza en la *experiencia* del mar Rojo. Había demostrado Su fuerza en sus *emociones* en Mara, tres días antes. «Sí, sí, estuvo grandioso todo lo que hiciste en aquel momento, Dios, pero ahora tenemos hambre. Esto es algo nuevo, algo que no hemos enfrentado antes, algo diferente a las situaciones de donde nos sacaste antes. ¡No veo ninguna posibilidad de que puedas hacer algo con respecto a *esto!*»

Espera, nomás. Él puede mostrar Su fuerza en tu *vacío*.

Entonces, ¿qué haces cuando la persona, el lugar o la cosa que pensabas que te mantendría lleno ya no te satisface? ¿Qué haces cuando tu carrera se vuelve mediocre, cuando tu matrimonio se torna rutinario, cuando tus hijos consumen tus energías, cuando la escalera del éxito que has estado subiendo se inclina hacia la pared equivocada, cuando la religión te tiene cansado?

Con la misma claridad con que te das cuenta de que tu estómago pide comida, pasarás épocas en que te sentirás vacío espiritual, mental y físicamente. Todo lo que tenías para hacerle frente a esto —ir a la iglesia, hacer el bien, seguir el plan de lectura de la Biblia—, todo comienza a parecer seco y poco apetecible. Estás agotado y muerto de hambre, incluso mientras estás inmerso en llevar a cabo exactamente lo que Dios te ha llamado a hacer durante este período de la vida.

No digo que debas dejar de vivir día a día con fidelidad y devoción. Pero hay veces en que nada te satisfará —sin importar cuánto te esfuerces por tratar de fabricar la plenitud— hasta que Dios comience a hacer «llover pan del cielo» (16:4). Sin duda, Dios había tenido esto en cuenta cuando te envió en la dirección opuesta en ese desierto. Sabía que te quedarías sin provisiones. Por lo tanto, no toda sensación de vacío es el resultado de haber hecho algo mal. No todos los ruidos en tu estómago espiritual son resultado de tu falta de fe o de hacer las cosas en el orden incorrecto. Algunas veces, son sólo una prueba para ver realmente con qué (con quién) cuentas para mantenerte satisfecho, una oportunidad para que Él te muestre Su poder sobrenatural y milagroso en tu vacío.

Cuando los israelitas llegaron a su lugar de vacío físico en el desierto de Sin, entre Elim y el monte Sinaí, Dios les salió al encuentro con la superabundancia de Su provisión. ¿Por qué? ¿Porque se manejaban con tanta perfección y belleza? Es evidente que no. La razón del Señor para hacer llover maná del cielo sobre ellos fue que supieran «que yo soy Jehová vuestro Dios» (v.12).

¿Sientes que estás hambriento de una relación? ¿Sientes que te estás consumiendo por dentro sin un novio o un esposo? ¿La iglesia te satisface cada vez menos? ¿No hay conferencias ni estudios bíblicos que te mantengan la energía por mucho tiempo? Dios te llama a Su cocina. Él desea abrirte Su despensa de par en par. Y si te rindes al desierto en lugar de luchar contra él, encontrarás que Su mesa está llena de provisiones que te mantendrán alimentado días tras día a lo largo de los períodos de sequía.

Comienza a anticipar milagros. Recibe con alegría las espadas y las paredes. Aguarda un gran avance en el espejismo de Mara. Prepara tu plato sobre una mesa vacía. Espera lo inesperado. Y sé lleno de lo alto.

No tendrán hambre ni sed, ni el calor ni el sol los afligirá; porque el que tiene de ellos misericordia los guiará, y los conducirá a manantiales de agua.

ISAÍAS 49:10

CAPÍTULO 8

De por qué a cómo

SHANA HA SIDO MI AMIGA durante más de una década. Y en los últimos cuatro o cinco años, ha sido una viajera en el desierto. ¿Quién se habría imaginado? Había sido una joven esposa de pastor, brillante, alegre y expresiva, que mantuvo la vida dentro de la iglesia bullendo de gracia, de ingenio y de encanto. Pero las cosas comenzaron a derrumbarse rápidamente, empezando por la prematura muerte de su esposo. Luego de eso, la iglesia en que habían invertido fielmente sus vidas comenzó a hacerle el vacío. Trató de soportar, de ser buen soldado, pero con sus emociones comprensiblemente frágiles, al final se sintió forzada a mudarse a otra ciudad donde ha continuado luchando contra las incesantes oleadas de soledad y depresión.

Su búsqueda de un trabajo que la satisfaga en esta etapa temprana e inesperada de viudez ha resultado mayormente infructífera. Casi en todas las áreas de su vida, continuamente choca con una pared tras otra. Los intentos de salir adelante la han llevado a tomar una serie de decisiones pobres, algunas de las cuales la avergüenzan mucho como para hablar de ellas. Cuando hablamos por teléfono el otro día, casi podía sentir su cuerpo temblando mientras sus palabras se estremecían con una mezcla volátil de vergüenza y desesperación. «Me siento tan sola, Priscilla. ¿Acaso Dios ya no se acuerda más de mí? Sólo necesito saber que todavía está aquí, y también necesito saber cómo seguir adelante en este viaje».

Necesito saber cómo...

Esta pregunta resonó en mí porque es lo que todos nos preguntamos: «¿Cómo espera Dios que atraviese este desierto?». Al pensar en Shana, me doy cuenta otra vez de que el desierto no es un tema fácil de abordar. Llamarla la fase de perfeccionamiento no pretende ser una manera de reducirla a pasos mecánicos y soluciones rápidas. Esto es serio. Lo tuyo puede ser *extremadamente* serio. No quiero dar la más leve impresión de que un bosquejo con tres puntos es todo lo que media entre tú y el dulce alivio. Tu Dios conoce la profundidad de tu dolor. Conoce las lágrimas que derramas cuando nadie te observa. Te ve a ti, amigo mío, y no te ha olvidado ni abandonado, aunque tu sufrimiento sea más agudo que nunca. «Desde los confines de la tierra te invoco», dijo David (Sal. 61:2, LBLA); desde el final de tu cuerda, desde el final de tu fuerza. Aun aquí, aun ahora, en tu etapa de anhelo desesperado, tu precioso Señor está presente para abrazarte, para ser tu roca fuerte y tu refugio.

Al mismo tiempo, como dije antes, el desierto puede ser —como lo es para mí en este momento— simplemente un período que te cuesta disfrutar. Tal vez te encuentras a menudo frustrado y fatigado, sin mencionar la culpa por encontrar razones para quejarte en medio de bendiciones tan evidentes. Sin embargo, incluso esos momentos pueden llevarnos a exclamar: «¿Cómo mantengo mi sentido de propósito cuando siento que me estoy quedando sin recursos?». Aunque hemos comenzado a tener cierta idea de algunas de las razones de *por qué* Él permite el desierto, todavía deseamos saber *cómo* podemos atravesarlo.

Debo admitir otra vez que, por más que adore a mis tres hijos y que esté inmensamente agradecida a Dios por ellos, este viaje a través de la crianza de niños pequeños no es para mí una caminata por el parque. Cada día no es un día que me encanta por completo. Para ser la clase de madre que deseo ser, debo pedirle continuamente a Dios que me capacite.

Para peor, tengo una hermana que fue hecha para la maternidad. Lo hace tan bien, con paciencia y con una profunda paz respecto a esta etapa de su viaje. Pienso que es justo decir que nació con el gen de la maternidad. Tiene cinco hijos, y los últimos tres nacieron en su hogar con la asistencia de una partera. (Suspiro). Yo he estado allí animándola, justo a su lado, en todos los casos menos en el último (cuando me encontraba en casa recuperándome del nacimiento de mi tercer hijo). (La admiro, pero yo y mi casa preferimos una epidural).

Cuando sus bebés comienzan a ingerir comida sólida, sólo les permite comer cosas frescas que ella haya procesado, a mano. (Otro suspiro). Gerber es más que buena. Cuando entran en la etapa escolar, les da las lecciones en casa. ¡Y le encanta! (Otro suspiro más). Ella ha pensado en estos años, los ha planeado y los ha esperado durante toda su vida.

Pero con cruda sinceridad, debo decir que la maternidad es algo en lo cual he tenido que crecer. Algo en lo que todavía sigo creciendo. La persona que dijo que la maternidad es un viaje que se aleja del egoísmo, ciertamente sabía de qué hablaba. Hay días en los que me pregunto cómo voy a lograrlo sin perder lo que me queda de cordura.

No hace mucho, toda nuestra familia se encontraba en el auto camino hacia alguna parte. Jerry conducía mientras hablaba por su celular. (Todavía está permitido en Texas). Los niños estaban en el asiento trasero, armando suficiente ruido y caos como para darle energía a un pueblo pequeño. Y yo me encontraba en el asiento de adelante, con la mirada perdida por la ventanilla.

¿Alguna vez has hecho esto? ¿Has tenido la mirada perdida mientras tu vida, con todos sus engranajes, daba vueltas alrededor de ti con una furia caótica? ¿Alguna vez te has preguntado: *Cómo llegamos aquí? ¿Cómo sucedió esto?* Así me sentía aquel día en particular.

Y sin embargo, mientras miraba cómo pasaban los árboles, el tránsito y los postes de teléfono a mi lado, me sorprendió encontrarme tarareando. Cantando una breve canción. Y mientras las palabras y la tonada reverberaban en mi cabeza, de repente, me vino una imagen de mi madre, sentada en su asiento delantero, mientras sus hijos —mis tres hermanos y yo— íbamos sentados atrás, empujándonos, fastidiándonos y metiéndonos los dedos en los ojos. En una de estas imágenes aleatorias que se habían plasmado en mi memoria de largo plazo, pude ver la parte de atrás de su cabeza. Pude verla mirando por la ventanilla. Y pude oír su tarareo. Simplemente una canción breve, como la que yo tarareaba ahora.

Y entonces, supe por qué. Ella trataba de aferrarse a su cordura. Y Dios le estaba dando una canción para ayudarla.

Dios le dijo a Su pueblo a través del profeta Oseas:

«Pero he aquí que yo la atraeré y la llevaré al desierto, y hablaré a su corazón. Y le daré sus viñas desde allí, y el valle de Acor por puerta de esperanza; y allí cantará como en los tiempos de su juventud, y como en el día de su subida de la tierra de Egipto» (Os. 2:14-15).

¡Debes estar bromeando! ¿Amor, viñedos, esperanza y canción... mientras estás en el *desierto*? Las temporadas de desierto —sin importar lo sombrías, caóticas o relativamente genéricas que sean— están llenas de preguntas, circunstancias molestas e incluso dudas en cuanto a qué está pensando Dios o por qué ha perdido la dirección de tu casa y desconoce tus necesidades. Pero según el profeta Oseas, nuestro Dios es lo suficientemente poderoso como para producir viñas en esta tierra seca y polvorienta. Puede poner en tu rostro una sonrisa irónica e ilógica cuando la esperanza sólo se parece a una puerta cerrada. Hasta puede poner una canción en tu corazón que parece no tener nada que ver con tu situación.

Cuando llega el momento adecuado —y de un modo como sólo Él sabe hacerlo—, el Señor llega para mostrarnos *cómo* nos capacitará para enfrentar nuestra caminata por el desierto.

Historias de 500 dólares

Mi madre era esposa de un seminarista, con veintitantos años y dos niños preescolares, que hacía todo lo posible por llevar adelante un departamento provisorio en una parte fea de la ciudad. Había sido muy comprensiva. Ya no la sobresaltaban las cucarachas que se escurrían por debajo de los zócalos. Había aprendido a arreglárselas con lo poco que tenía. Pero al final de una tarde, al abrir las alacenas vacías para ver qué clase de magia podía hacer para la cena, lo básico y las latas de frijoles le devolvieron la mirada totalmente carentes de imaginación. No sabía a ciencia cierta por qué parecían menos sabrosos y apetitosos hoy de lo que habían sido todas las semanas y los meses anteriores. Pero cualquiera que fuera la razón, la visión de frijoles, frijoles y más frijoles hizo que los ojos se le llenaran de lágrimas. Para cuando mi padre llegó a casa, las lágrimas se habían convertido en torrentes.

Estaba absolutamente cansada de esa vida. Lo mismo le sucedía a él. La intención de mamá no era hacerlo sentir mal por obligar a su familia a soportar esas condiciones. No estaba cuestionando el llamado de Dios a la vida de su esposo, por lo cual estudiaba en el seminario. Fue sólo que aquella noche, en aquel momento, las latas de frijoles se le habían venido encima. Y si no podía conseguir, no sé, unos 500 dólares para tener algo de comida en la casa y suplir unas pocas necesidades más, no veía que pudiera reunir la fuerza para salir adelante.

Quinientos dólares. Cuando papá le preguntó cuánto pensaba que necesitaban, esa fue la cifra redonda que a ella le vino a la mente. Quinientos dólares. Que bien podrían haber sido 5 millones, pero para las magras posibilidades que tenían, daba igual. Entonces, allí sentados sobre sus tambaleantes muebles, con los frijoles hirviendo sobre la cocina, eso fue lo que le pidieron con clamor a Dios, abrazados estrechamente y tratando de resistir.

Al día siguiente —sé que has oído historias como esta antes, pero suceden; es así—, papá hizo girar la llave de su casilla de correo de la universidad, y allí dentro descansaba un giro postal por (¡uh!)... 500 dólares. Salió de la nada y aterrizó justo en medio de su desierto. Dios no los había olvidado. Y tenían 500 dólares para probarlo.

Puedes pensar que estas historias existen sólo en los sermones. Pero apuesto a que si abres los ojos y miras a tu alrededor en el lugar donde estás, este desierto al que Dios te ha guiado, podrás señalar al menos una razón para estar agradecido. Encontrarás un conmovedor ejemplo de la unidad de rescate de Dios ministrando a tus necesidades aquí, en medio de la sequedad y el polvo. Piensa y recuerda. Aunque te hayas olvidado o hayas estado sinceramente demasiado deprimido como para darte cuenta en el momento, apuesto a que tienes tu propia historia de 500 dólares que podrías contar.

Ni siquiera necesita ser tan cara.

Recuerdo un día en que me quedé dormida y se me hizo demasiado tarde para tener mi tiempo devocional o para hacer ejercicio; en cuanto mis pies tocaron el suelo, los niños me necesitaban. Jerry había tenido que salir temprano, así que, estaba completamente sola con los fanáticos del desayuno. «¿Quieren huevos, niños?», pregunté mientras abría el refrigerador. Un momento, no hay huevos. *¿Panqueques?* Saqué la mezcla para panqueques y un bol, pero luego recordé: *no hay huevos.* Correcto. *¿Cereal?* Una vez más, abrí la puerta del refrigerador y vi que alguien había dejado un octavo de cucharadita de leche en la jarra. ¡Cuando le ponga las manos encima al que hizo esto…!

Así que, aquella mañana, el desayuno fueron las dos últimas rodajas tostadas de pan de trigo con mermelada, y (si mis niños sabían lo que era bueno para ellos) nada de quejas.

Tenía un montón de diligencias que hacer esa mañana, pero no iríamos a ninguna parte hasta que todos estuvieran vestidos. No había lavado la ropa aquella semana. Creo que todos terminamos con al menos una prenda sacada del canasto. Pero las cosas se pusieron peor. Llegamos tarde a todos los lugares. Cada hilera era más larga que la anterior. Cuando finalmente regresamos a casa aquella tarde, tiré las llaves sobre la mesa, dejé caer mi cartera al suelo, envié a los niños a su habitación y a mí me envié a la mía.

Y allí estaba: como un rayo de sol y un coro de ángeles como canto de fondo. Sobre la mesa de luz había un gran ramo de hermosas flores con una nota adosada con delicadeza. Cuando la abrí, leí estas sencillas palabras de mi esposo, el bandido de la leche...

«Porque sí».

Un pequeño refrigerio justo a tiempo.

Dios no es de los que nos dejará sin ninguna esperanza. ¿Cómo espera que lo logres? Brinda pequeños refrigerios a lo largo del camino, justo cuando sabe que los necesitamos.

Suficiente como para estar a tono con tu necesidad

«Y llegaron a Elim, donde había doce fuentes de aguas, y setenta palmeras; y acamparon allí junto a las aguas» (Ex. 15:27).

Elim era el curso de agua más extenso de la zona; se estima que tenía un kilómetro y medio de ancho, un oasis adornado con gran variedad de árboles. Imagina a los hebreos sedientos y desanimados entrecerrando los ojos por el encandilante resplandor de la arena y divisando a la distancia lo que parecía ser una palmera. Figúrate cómo habrá corrido el murmullo de sorpresa entre las filas cuando divisaron no sólo una, sino *docenas* de ellas. Las palmeras representaban la presencia cercana de agua, y el agua cercana quería decir que a estos viajeros sedientos los esperaba el refrigerio justo al otro lado de la loma. Les habrá parecido una carta de amor proveniente directamente de Dios.

Un oasis.

En el desierto.

A esta clase de desierto los llevó el Señor. No a una interminable expansión estéril de dunas de arena que no pueden albergar vida salvaje ni vegetación, sino a un lugar que tenía largas regiones áridas como esas, pero donde la terrible sequedad se encontraba salpicada de fuentes y de oasis en varios lugares. Aquí y allá, las planicies altas y verdes contrastaban con la inhóspita tierra de abajo, y traían descanso. Aunque en el viaje de los israelitas había extensiones donde el refrigerio parecía escaso, su desierto en particular contenía exuberantes oasis como el de Cades en el norte y el de Wadi Feiran, cerca del Sinaí y al sur, además de varios arroyos que cortaban la sequedad. El pueblo de Dios probablemente habría muerto si Él los hubiera lanzado a un desierto interminable; pero no, los condujo allí, donde el refrigerio oportuno estaba al alcance, al menos de tanto en tanto. Dios no conduce a Su pueblo a un lugar donde la supervivencia es poco probable, sino a una extensión de tierra donde puede recibir sustento. Gracias a Dios que nos permite transitar por estos desiertos y no por las interminables dunas de arena.

En realidad, fíjate lo precisa que fue la provisión de Dios. «Doce fuentes de agua» para concordar con las doce tribus de Israel. Qué gran ilustración del sobrecogedor cuidado de Dios y de Su preocupación específica por Su pueblo. Él sabe *exactamente* lo que hace falta para refrescarte. Cuando decide alentar tu corazón con una dosis de consuelo divino, no se parece en nada a lo que le da a otro. Puedes estar seguro de que el Señor *sabe* que será justo la cantidad y la calidad apropiadas para llenarte los tanques y recargarte para el viaje. Ya sea un abrazo dado en el momento correcto, una palabra dicha a su tiempo, una tarjeta o un mensaje electrónico inesperado o una conferencia que te refresque mediante la comunión con otros creyentes y un sermón que parece llevar tu nombre, será una historia de 500 dólares diseñada especialmente para ti, para mantenerte en pie cuando piensas que no puedes más.

Por favor, no lo dejes pasar cuando el Señor viene a ofrecerte un «Elim» mientras caminas con dificultad.

Y no pierdas la cuenta de las veces que ya lo ha hecho.

Te diré lo que hago para no olvidar. Tengo un pequeño archivo Word en mi computadora, un documento que he titulado «Él me habla». Cuando Dios me comunica algo a través de la Palabra, de un mensaje, de la conversación con un amigo, o simplemente a través de un pensamiento que proviene en forma directa de Su Espíritu, lo anoto allí. Cada pizca de aliento que me fortalece en mi viaje queda registrado en ese espacio. Cuando sucede algo que evidentemente proviene de Su mano —cuando queda claro que no es una coincidencia, que no es un acontecimiento accidental—, lo escribo para ponerlo a buen recaudo. Quiero recordar. Quiero tener la posibilidad de mirar hacia atrás. No quiero olvidar.

Hace poco, estuve revisando mi archivo y me encontré con uno de los incidentes más asombrosos de hace unos cuantos años, cuando necesitábamos encontrar un lugar para las oficinas de nuestro ministerio. De acuerdo con lo que Jerry y yo habíamos orado, encontramos una propiedad ideal para lo que necesitábamos, en el área de la ciudad donde sentíamos que Dios nos guiaba a operar. Pero costaba mucho más de lo que podíamos pagar. *Mucho* más. Sin embargo, como sabes, cuando comienzas a sentir que Dios está participando de algo, no deseas que los obstáculos habituales sean los factores definitivos y determinantes. En tanto la propiedad seguía disponible, seguimos orando y esperando ver qué podía suceder para que esto se hiciera realidad.

Finalmente, las circunstancias llegaron a un punto en que nos vimos obligados a tomar una decisión en cuestión de días respecto a la compra de esta propiedad. Oramos para que Dios nos guiara claramente. La fecha límite era luego de un fin de semana en que yo tenía que hablar en una conferencia. Y casi al cumplirse el plazo, una mujer que nunca había visto ni conocido antes se me acercó rápidamente, y dijo: «Sé que no me conoce, pero una amiga mutua me dijo que estaban interesados en alguna propiedad en la zona donde yo vivo. En realidad, la propiedad que ustedes están buscando está prácticamente junto a la nuestra. Estamos a punto de poner a la venta nuestra propiedad y mientras estaba sentada aquí este fin de semana, creo que el Espíritu Santo me ha dicho que debemos hacer lo que sea para asegurarnos de que la nuestra sea de ustedes».

No contaré todos los detalles de cómo se sucedieron las cosas, porque empañaría lo que importa, que es lo siguiente: Dios había hecho todo lo necesario para llevar a una mujer que yo nunca había visto a un encuentro donde estaba hablando, que resultó vivir sobre la misma calle donde se encontraba la propiedad que estábamos considerando. Y desde el momento en que ella me hizo esa oferta inesperada, supe que no importaba si el trato se concretaría o no. Dios había usado esta experiencia para recordarme:

«Priscilla, te cubro la espalda. Estás en mis pensamientos. Lo que a ti te preocupa, me preocupa a mí también. Me importan tanto las cosas pequeñas como las grandes. No te preocupes. Yo cuidaré de ti».

Esta historia todavía «me habla» de la bondad de Dios. Y recordarla me ayuda a seguir adelante.

Más que un milagro

Las historias verídicas como la que acabo de contar no suceden todos los días en la vida de nadie. Los oasis y los arroyos que encontraron los hijos de Israel estaban espaciados a lo largo del viaje. Esta gente no cruzaba el mar Rojo todas las tardes. Los sucesos sorprendentes en sus vidas, que en nuestras Biblias aparecen separados por unos pocos versículos, a menudo ocurrían a semanas, meses e incluso años de distancia unos de los otros. Pero como hemos visto antes, la Escritura nos hace saber que tenían un recordatorio diario de la presencia viva de Dios entre ellos, Su continua respuesta a las preguntas sobre «cómo» obra el Señor:

«Y Jehová iba delante de ellos de día en una columna de nube para guiarlos por el camino, y de noche en una columna de fuego para alumbrarles, a fin de que anduviesen de día y de noche. Nunca se apartó de delante del pueblo la columna de nube de día, ni de noche la columna de fuego» (Ex. 13:21-22).

De una manera sin precedentes en la historia hebrea, Dios decidió revelarse a Su pueblo, día tras día y noche tras noche, a través de una manifestación visible de Su presencia. A esto se lo llama *teofanía*, término teológico usado para describir una aparición de Dios, cuando asumía una forma y se revelaba de manera sobrenatural dentro del mundo natural de la tierra. Aun en los momentos más oscuros de su viaje —durante los 40 años—, podían salir de sus tiendas, mirar en dirección a Él y tener una inspiradora visión de Su cercanía, de Su protección sobre ellos. Aunque caminaban ciegos a través de un territorio desconocido e inexplorado, podían contar con que el fuego y la nube de Dios les mostrara exactamente dónde deseaba Él que fueran.

Los eruditos han ofrecido muchas teorías en cuanto a cómo se formaba esta nube. Han sugerido que era causada simplemente por una desagradable acumulación de mal tiempo. Pero nunca he sabido de una nube de tormenta que dure 40 años. Otros dicen que era el polvo que los israelitas levantaban con los pies al caminar dificultosamente. Pero no siempre se estaban moviendo. En realidad, no existe otra explicación posible para la duración y la confiabilidad de esta combinación de nube/fuego más que la presencia sobrenatural de Dios la generara. Estas eran figuras físicas de Su presencia que los guiaba, Su manera de manifestarse tangiblemente a Sus hijos.

¿No sería maravilloso tener algo así cuando nos preguntamos cómo podemos seguir adelante en nuestro desierto? ¿Acaso mi amiga Shana no recibiría aliento si pudiera levantar la vista y ver a Dios mostrándole el próximo paso a dar mientras transita el camino de la pérdida y la desesperación? ¿No sería fantástico si Dios descendiera y se posara sobre la casa que quiere que compres, sobre la iglesia a la cual quiere que asistas, sobre la persona con la quiere que salgas y te cases? Aun cuando Sus respuestas no fueran tan específicas ni precisas, el solo hecho de que estuviera allí, suspendido sobre nuestro techo, estacionado directamente en la galería trasera, nos alentaría porque sabríamos que no nos ha olvidado. Nos daría el aliento que necesitamos para seguir hasta el final. Nos levantaríamos por la mañana y tendríamos la certeza de que Él tiene planes para nosotros a lo largo del día.

Pero, escucha, *ciertamente tenemos* esto.

Aunque Dios usó las teofanías temporalmente en los tiempos del Antiguo Testamento, ahora, Él se deposita dentro de los corazones de los creyentes a través de Su Santo Espíritu, siempre vivo y siempre presente. Y si esto parece una especie de evasión comparado con lo que tenían los israelitas —algo secundario en comparación con lo que podemos ver con los ojos, algo que podríamos confirmar con sólo preguntarle a nuestra vecina si ella también lo vio—, estamos subestimando mucho al Espíritu Santo, tal como nuestro enemigo quiere. El Espíritu Santo es el fenómeno más sobrenatural que podamos imaginar.

Y aunque es invisible, Él es «Dios con nosotros», y creo que desea manifestar Su presencia en nuestras vidas de una manera visible. Así como los hijos de Israel podían tener una visión de Dios fuera de sus tiendas, nosotros podemos tener nuestras propias visiones de Él a medida que el Espíritu Santo abre nuestros ojos espirituales para reconocer Su actividad a nuestro alrededor. ¿Piensas que un llamado telefónico inesperado que te cambió todo o que incluso te levantó el ánimo caído del anochecer no fue una coincidencia, sino Dios demostrándote Su presencia tan real? ¿Qué me dices del momento en que se te quitó por completo del paladar el gusto y el deseo por esa conducta adictiva? ¿Pudiste ver la nube de Su presencia cuando ese desconocido te dijo exactamente lo que necesitabas oír, cuando tu necesidad financiera fue cubierta en el último minuto o cuando en tu casilla de correo electrónico apareció un mensaje donde se te ofrecía la ayuda que necesitabas? ¿Qué me dices de esos momentos en que, luego de interminables noches sin dormir pensando qué hacer, simplemente «supiste» cuál era la decisión correcta que debías tomar? Amigo, no fue suerte. No fue coincidencia. Fue Dios, en tu vida, aquí y ahora.

Sin embargo, sé lo que sucede. Sé lo que se siente al estar sentado en ese banco oyendo todas esas cosas sobre Dios, pero dudando de que realmente sucedan en una persona hoy en día. Sé lo que es echarle un vistazo a todas esas Escrituras que enseñan que el Espíritu puede guiar «a toda verdad», puede «hablar» donde podemos oírlo, puede hacernos «saber lo que habrá de venir» (Juan 16:13, LBLA). ¡Caramba! Sé cómo leer, pero no siempre sé cómo *creer,* creer que estas pueden ser cosas que puedo experimentar de verdad.

He pasado demasiados años en las cómodas zonas de confort de la cristiandad, acomodada donde es más seguro no esperar mucho de Dios. Pero Él está comenzando a mostrarme, por Su bendita y paciente gracia, que desea revelarse a mi vida en maneras tan reales y visibles como lo era Su evidente cercanía para los hebreos errantes. Y aunque me ha mostrado mucho, ¡pienso que todavía no he visto nada! Y cuanto más se abren mis ojos para verlo, más animada me siento para seguir adelante por este desierto.

Ahora el cómo

Cuando nos encontramos en el desierto, las preguntas más comunes que hacemos —luego de los porqués— generalmente son los cómos. ¿Cómo espera Dios que manejemos esto? ¿Cómo se supone que debemos seguir andando? ¿Cómo sabemos qué hacer cuando cada decisión parece guiarnos a un callejón sin salida o tal vez a algún lugar peor?

Gran parte de la respuesta a preguntas como estas no se encuentra tanto en *cómo* lo hacemos, sino en *qué* ha hecho Dios para que el *cómo* sea posible; qué ha hecho ya, como así también qué hace en el presente.

Por esta razón, una historia de 500 dólares es tan invalorable. Es lo que Él ha hecho por ti. Es la clase de historia que nadie puede quitarte ni convencerte de que es mera coincidencia, porque fuiste *protagonista*. Conoces de primera mano lo desesperante de la necesidad y lo imposible que parecía solucionarla. Recuerdas lo cansado y sediento que estabas y la deliciosa sensación que produjo ese sorbo de agua fresca sobre los labios resecos. Todavía puedes oír la voz de la persona que te llamó para decirte que la situación había cambiado y que pensaba que realmente tendría un trabajo para ti. Aún puedes ver la expresión en el rostro de tu cónyuge cuando el contador dijo que había un error en la liquidación de los impuestos y que no sólo debías menos de lo que pensabas, sino que hasta te harían un reintegro. Todavía puedes sentir el cosquilleo que te recorrió la columna cuando le pediste al Señor que te diera alguna prueba de que se ocupaba de ti, y a los diez minutos te encontraste con una vieja amiga de la escuela que te dijo que no ha dejado de pensar en ti a través de los años y que nadie influenció en ella para confiar en Dios más que tú.

Sé que este viaje que estás realizando puede ser difícil, largo y aparentemente interminable. Pero recuerda, no estamos en una extensión de dunas de arena interminables; este desierto tiene oasis. Hay una gran diferencia. A lo largo del camino, podemos encontrar refrigerio. Su Espíritu está siempre contigo, guiándote, comunicándose contigo, dirigiéndote en la voluntad del Padre. Y si sigues confiando y observando, rindiéndote a Su dirección, Él te sorprenderá de tanto en tanto con algunos Elim para refrescarte, estratégicamente colocados y soberanamente creados. Será exactamente lo que necesitas. Y te ayudará a seguir andando cuando pienses que ya no puedes más.

Su Espíritu está contigo —¡créelo!— haciendo lo que sólo Él puede hacer, para que tú puedas hacer lo que te muestra. El Señor es quien te capacita y está siempre presente. Entonces, pídele. Pídele que abra tus ojos para ver Su «qué», de modo que puedas recibir una respuesta a tu «cómo».

Hubiera yo desmayado si no creyese que veré la bondad de Jehová en la tierra de los vivientes. Aguarda a Jehová; esfuérzate y aliéntese tu corazón; sí, espera a Jehová.

Salmo 27:13-14

CAPÍTULO 9

Mientras tanto

ELIM VIENE… Y SE VA.

¿Y qué sucede después?

«Partió luego de Elim toda la congregación de los hijos de Israel, y vino al desierto de Sin, que está *entre* Elim y Sinaí» (Ex. 16:1, itálica añadida).

Dios había demostrado Su amor y provisión para con Sus hijos en Elim al proporcionarles el tan necesitado refrigerio. Y en poco tiempo más, volvería a sorprenderlos nuevamente en Sinaí. Pero la transición de un momento milagroso con Dios al siguiente requeriría un viaje «entre» una ocasión y la otra.

Sin duda, este viaje entre Elim y Sinaí en el desierto de Sin no les deparó otra cosa más que territorio estéril y seco, lo cual dejó mucho que desear.

Tenían por delante la tarea de caminar dificultosamente mientras contemplaban interminables hectáreas de tierra yerma bajo el calor abrasador del sol. Sin embargo, esta parte del viaje era necesaria si deseaban llegar al siguiente lugar donde la gloria de Dios se mostraría de manera visible y tangible. El tiempo «entre» una y otra no era una pérdida, sino un puente entre un momento sorprendente con Dios y el siguiente.

Hace poco, durante un período de unos tres años, Dios desplegó frente a mí y Jerry una especie de lista de éxitos, una sucesión de destacados del Espíritu Santo. Casi siempre que nos encontrábamos frente a una verdadera necesidad, Dios la proveía de manera sobrenatural. Cuando hice un pedido específico respecto al nacimiento de uno de nuestros hijos, Él respondió como si yo hubiera encargado una pizza. Tal como iban las cosas, pensé que nunca más tendría que estacionar lejos de la entrada del supermercado.

Mis momentos de oración eran ricos y vibrantes. La Palabra casi parecía lanzar destellos entre mis manos, que estallaban en profundas reflexiones y revelaciones personales. Nunca conocí un tiempo de mayor intimidad y entusiasmo con el Señor. ¡Fue absolutamente increíble!

Entonces, como el sol que se desvanece lentamente en el ocaso, las entradas en mi diario parecieron desaparecer detrás de la luna saliente. No tenía nada extraordinario que escribir. Seguía orando, seguía estudiando, seguía haciendo las mismas cosas; sólo que ahora tenía la sensación de estar en una habitación vacía, como alguien que sigue manteniendo los vestigios de una conversación, sin darse cuenta de que la persona con la que estaba hablando se ha ido.

Mis disciplinas espirituales se convirtieron más en una tarea, una obligación, un esfuerzo. Cuando me hacía tiempo para estar a solas con Él, estaba mucho más ansiosa por acortar todo el asunto. No sentía que nos conectáramos como solíamos hacerlo, y esto hacía que me distrajera con facilidad y estuviera lista para pasar a otra cosa. Él ya no me dejaba con la boca abierta y no sabía bien por qué. ¿Qué había cambiado? ¿Qué había sucedido?

Era difícil no quejarse. Sinceramente, estos tiempos intermedios a menudo me tientan a comportarme así. Parece que los israelitas tenían la misma lucha, ya que cuando se encontraron entre Elim y lo que venía a continuación: «toda la congregación de los hijos de Israel murmuró contra Moisés y Aarón en el desierto» (Ex. 16:2).

Aparentemente, hay algunas lecciones que llevan miles de años aprender.

Tal vez, lo que más sabemos acerca de los antiguos hebreos, en especial durante aquellos 40 años en el desierto, fue de su tendencia a la queja. Entre un milagro y otro, cuando la tarea del día era principalmente esperar, caminar y obedecer, pronto comenzaban a cuestionar el amor de Dios. Dudaban de que Su poder contrarrestara las desafiantes situaciones que enfrentaban. Si Dios no se encontraba separando el mar Rojo, o endulzando las aguas amargas de Mara o haciendo brotar palmeras de la nada en Elim, lo más probable era que esta gente no estuviera feliz. Su contentamiento y satisfacción parecían aumentar o disminuir según Dios los sorprendía o no.

Por lo tanto, sin dificultad, estoy en condiciones de sentirme identificada. Cuando el desierto seco y polvoriento comienza a extenderse hasta donde el ojo puede ver hacia los cuatro lados, cuando no siento en la boca el refrigerio de Elim y el pico del monte Sinaí todavía no está a la vista, cuando no hay señales de la presencia de Dios o de una intervención milagrosa, soy una de las primeras en comenzar a tener pensamientos agrios. La paciencia no es mi virtud más sobresaliente. Y esos largos períodos intermedios saben extremadamente bien cómo hacerme chillar.

Algunas veces, Dios está en silencio; pero eso no es razón para comenzar a hacer tanto ruido.

Otra línea de pensamiento

Espero que hayas visto lo suficiente de mí en este libro como para saber que no puedo hablar sobre el tema de la queja sin tener que sermonearme a mí misma. Todo lo bueno que crece en mí es exclusivamente el resultado de la obra de Dios activa en mi vida. Si quedo librada a mí misma, me encuentro en el grupo de «no hay quien haga lo bueno, no hay ni aun uno» (Sal. 53:3).

Pero no puedo evitar decir que todo este asunto de la queja es... desagradable.

Cada vez que vemos a los israelitas murmurando y quejándose, es peor que la vez anterior. Al principio, es sólo el «pueblo» el que hace escándalo (Ex. 15:24). Luego es «toda la congregación de los hijos de Israel» (16:1). Pasan de quejarse sólo ante Moisés, para extender sus quejas también a Aarón. Ese es el modelo que presenta la queja: siempre se intensifica, siempre sube de tono. Comienza con algunas frustraciones secundarias y menores, y con el tiempo, se convierte en un fuego abrasador cuyas llamas se avivan con cada corriente de oxígeno disponible. Todo se convierte en un nuevo objeto de burla: documentos de prueba X, Y, y Z en una lista cada vez más larga de motivos de queja. Con la puerta abierta de par en par, no hay mucho con qué detener o aminorar el avance del fuego. Con cuánta rapidez se convierte en nuestra manera preferida de entrar y salir. Cuánto más fácil resulta lamentar nuestra suerte que poner en práctica la fe.

Pero no nos equivoquemos: un espíritu quejoso nos privará de los tesoros que Dios procura refinar en nosotros aquí en el desierto. Retrasará nuestro avance, será un obstáculo en nuestra buena disposición hacia la tierra prometida. Cuando decidimos deshonrar a Dios o no darle las gracias durante los tiempos intermedios, no sólo perdemos Sus mejores propósitos, sino que también permitimos que nuestro «necio corazón» quede cada vez más «entenebrecido» (Rom. 1:21). Así es, «con el tiempo, un corazón desagradecido se entenebrece»[12]. Cuando no respondemos a la bondad y la actividad de Dios, terminamos con una forma de ceguera espiritual que persiste aun cuando Él comienza a obrar nuevamente de maneras visibles y audibles.

Años atrás, Jerry y yo volamos a Memphis para una conferencia especial. Una agradable mujer de la iglesia local nos recogió en el aeropuerto y nos llevó al hotel donde nos alojaríamos. Cuando nos dejó, dijo: «Miren, yo vivo en el vecindario. Así que, si necesitan algo, me llaman. Si no, los veré a primera hora de la mañana».

No era tarde cuando llegamos —alrededor de las 7:30 de la tarde—, pero habíamos tenido una larga semana y estábamos completamente exhaustos. Sólo quería localizar la cama y quedarme dormida. Antes de que dieran las 8, estábamos confortablemente acomodados bajos las mantas para quedarnos allí hasta la mañana.

Digamos… hasta las 10 de la noche.

La gente suele decir que un tornado suena como un tren de carga. No lo sé con certeza; pero sí sé cómo suena un tren de carga a las diez de la noche, en una ciudad desconocida, cuando estás dormido profundamente y es lo último que esperas escuchar. Suena como un tornado. Allí mismo, en la habitación de nuestro hotel.

Jerry y yo nos sentamos de un salto durante al menos 60 largos segundos, tratando de entender si estábamos en un terremoto o si en el piso de arriba se desarrollaba una convención de aspiradoras. Finalmente, el rugido se alejó en la noche de Memphis, para aterrorizar a algunos otros pobres seres durmientes. Aturdidos, pero en condiciones de recuperarnos, pronto volvimos a caer en un profundo sueño.

Hasta la 1:00 de la mañana.

Otra vez.

A estas altas horas de la madrugada, me encontraba evangelísticamente molesta. Tiré hacia atrás las mantas, me tambaleé hasta la ventana, abrí las cortinas lo suficiente como para echar una miradita y pensé para mis adentros: *¿A quién en su sano juicio se le puede ocurrir construir un hotel tan cerca de la vía de un tren? Y además, ¿quién fue la dulce y preciosa mujer que hizo los arreglos para que nos quedemos aquí?* Dijo que vivía en este vecindario. Sin duda, sabía esto de los trenes que rugen por la noche. Aunque quería volver a dormir, no veía la hora de que llegara la mañana, porque cuando viniera a buscarnos, tenía algunas cosas para conversar con ella.

Finalmente, nos acomodamos otra vez. Es decir, hasta las 5:00.

Antes de que este tren terminara de pasar ruidosamente —tocando fuerte la bocina y todo— Jerry y yo nos habíamos levantado. ¿Qué sentido tenía seguir acostados? Además, necesitaba algún tiempo para ensayar el discurso que le daría a la dulce damita que llegó radiante y temprano a darnos la bienvenida ese sábado. Casi el «buenos días» no había terminado de salir de nuestra boca, cuando dije: «Escuche, tengo que hacerle una pregunta acerca del tren que pasó por aquí anoche», a lo cual ella respondió: «¿Qué tren?».

¿Cómo?

«Un momento», pregunté, «usted dijo que vive en este vecindario, ¿no es así? ¿Acaso anoche no pasaron varios trenes por aquí: a las 22:00, a la 1:00 y a las 5:00?».

Ante esto, se tapó la boca con la mano, con los ojos sumamente abiertos y un rostro lleno de disculpas. «Priscilla, Jerry», dijo, «me olvidé por completo. Hace tanto que vivimos en este vecindario, y nos hemos acostumbrado tanto al sonido de los trenes que ya no nos despiertan más. Ni siquiera nos damos cuenta».

Ni siquiera nos damos cuenta…

Algo similar ha sucedido en el vecindario «generacional» donde decimos que vivimos. Con una iglesia en cada esquina y una estación de radio cristiana en casi cada punto del dial, con librerías cristianas en muchos distritos comerciales y más recursos que nunca a nuestra disposición para leer la Biblia, nos hemos acostumbrado tanto a las bendiciones de Dios que nos hemos vuelto virtualmente sordos a Su voz y ciegos a Su presencia. Tantas veces Él ha satisfecho nuestra necesidad —desde darnos una manzana para el almuerzo hasta protegernos de pescarnos una gripe— que, por lo general, no nos detenemos lo suficiente como para tomar nota de estos beneficios diarios de Su cuidado y provisión.

Pero no sólo eso; si hiciera algo único en nuestra vida, si decidiera revelarse de una manera diferente a Su modelo habitual, si el tren de Su gloria llegara a pasar de alguna manera notable, ¿existiría una buena posibilidad de que no lo reconociéramos porque vivimos en el vecindario de Su favor desde hace tanto tiempo?

No podemos volvernos insensibles a la actividad de Dios. ¡Ah!, que siempre podamos ser profundamente conscientes de la presencia de Dios, incluso por la noche, cuando las sombras son densas, aunque para escucharlo sea necesario poder captar su suave susurro en el silencio y aunque nos encontremos caminando en los tiempos intermedios. Los «uno en un millón» saben que Dios los ha puesto allí —en ese lugar particular, en ese momento particular— con ciertas cosas que deben experimentar. No temen vivir en los tiempos intermedios de perfeccionamiento, porque los músculos que están adquiriendo en el desierto los ayudarán a estar en forma en la carrera hacia la tierra prometida. Valdrá la pena. Lo saben.

¡Oh Señor, hazme «uno en un millón»!

Cuando la bendición nos pasa por encima

Si no tenemos cuidado, el descenso de nuestro corazón hacia la amargura y la queja puede ser nuestro fin. Una de las razones de Pablo para advertir con tanta asiduidad: «Háganlo todo sin quejas ni contiendas» (Fil. 2:14), fue haber visto que aquellos que se entregaron a la queja «perecieron por el destructor» (1 Cor. 10:10). Sé que los tiempos intermedios parecen llamar a la queja; pero, mi amigo, ese llamado hacia el descontento te lleva a lugares adonde nunca quisiste ir y te impide ver las bendiciones simples de Dios en tu vida. El espíritu de queja nace de la falta de disposición para confiar en el Señor día a día. Al igual que los israelitas, significa que gastas tu tiempo en mirar atrás a Egipto o en desear el futuro, mientras te pierdes lo que Dios está haciendo en este momento. Si la presión sanguínea alta es la asesina silenciosa, un alto grado de amargura es su hermano malo y cascarrabias, ya que toma lo que Dios hace en tu vida y lo rompe en mil pedazos.

Y en los tiempos intermedios, Él *hace* algo.

Por eso es tan importante que no veamos estos tiempos como zonas muertas. Como dije antes, se parecen más a puentes que nos llevan de un punto a otro, siempre en dirección hacia donde Dios se mueve. Si podemos meternos en la cabeza que no se trata de una pérdida de tiempo ni de un lugar donde dormir, podemos pararnos y celebrar que Dios está activo en nuestro aburrimiento. Nos enseña una gran verdad incluso en medio de un seco sermón.

Me oíste bien. Los tiempos intermedios son buenos tiempos. Cuando identifiques uno, disfrútalo. No te pierdas ni un instante. Sumérgete y mira las profundidades de Dios.

Cuando creemos esto con todo nuestro corazón, tenemos acceso a una de las claves de la vida exitosa y abundante. Escucha con cuidado ahora: el desierto no es una barrera entre nosotros y la vida abundante. Muchas veces, puede parecerlo, pero no lo es. Lo que impide nuestra entrada a la tierra prometida es *vagar* por el desierto, cuando demoramos el proceso de perfeccionamiento al rehusarnos permanecer cerca de Dios, incluso cuando parece que está muy lejos.

Como hemos visto, Dios guió a sabiendas a Su pueblo lejos de Egipto por un camino que no era ni remotamente fácil ni conveniente. Esto se debe a que Su meta para este tiempo intermedio en sus vidas no era la cercanía a Canaán, sino que estuvieran cerca de *Él.* Dios escogió el desierto y todo lo que este entrañaría porque sabía que era la mejor manera de prepararlos para lo que vendría, al llevarlos más cerca de sí, al enseñarles a depender de Él en todo, al ayudarlos a aprender a seguirlo aun cuando el sentido común les dijera que otro camino era preferible y, por cierto, más placentero.

Estamos demasiado convencidos de que las épocas estériles de nuestra vida nos separan de nuestros objetivos principales. Parecen darnos una buena razón para estar enojados con Dios por hacernos esperar tanto tiempo para alcanzar lo que queremos. ¿Alguna vez nos meteremos en la cabeza, tú y en especial yo, que el desierto es una *bendición* que Él nos da para que podamos verlo de una manera más completa y cabal, para que podamos amarlo incondicionalmente y con mayor decisión? El desierto es donde aprendemos con mayor claridad «que no sólo de pan vivirá el hombre, mas de todo lo que sale de la boca de Jehová vivirá el hombre» (Deut. 8:3).

Tal vez en este mismo momento, te parezca que el desierto te está dejando seco. Los vientos que te aguijonean, las condiciones polvorientas, el elevado calor y la escasa visibilidad sólo intensifican tu deseo de tener la vida que desearías ahora. *¿Y si…? ¿Si tan sólo…?* Estas son las causas principales de estancamiento espiritual en el camino entre este momento y la abundancia.

¿Puedes confiar lo suficiente en Dios como para creer que cualquier lugar donde puedas acercarte más a Él es el sitio correcto donde debes estar? El mejor camino a Canaán no es vagar por el desierto, seguro de que puedes encontrar una mejor manera de salir de aquí, quejándote y murmurando mientras andas. El mejor trayecto es caminar derecho hacia donde Él nos guíe, aferrado a Su mano invisible hasta que asegures poder sentir Su pulso en la palma de tu mano.

Así de cerca estás. Así de cerca está Él.

Gloria, gloria

Vivo deseo de Canaán.

Cercanía a Dios.

Estos son motivadores saludables para los uno en un millón que concentran su vista en lo alto y cuyas metas son eternas. Son buenas razones para levantarse por la mañana, aunque sea seguro que prepararemos el desayuno en la zona intermedia. Pero existe un objetivo que supera todo lo que esperamos y deseamos, mientras aguardamos y nos preguntamos qué vendrá a continuación: la gloria.

El Señor le pronosticó este gran propósito a Su pueblo respecto al desierto, cuando anunció, aun mientras Faraón los había acorralado con sus tropas frente al mar Rojo: «[...] yo seré glorificado por medio de Faraón y de todo su ejército, y sabrán los egipcios que yo soy el Señor» (Ex. 14:4, LBLA.)

La gloria.

La palabra hebrea es *kabod*, término que significa ser pesado, sustancial, oneroso[13]. Encierra la idea de una persona que es plenamente creíble y confiable, a quien se le adjudica un inmenso peso y credibilidad. Esto era lo que Dios buscaba, no sólo en el mar Rojo, sino también en los días y años que siguieron, incluso en los tiempos intermedios, incluso en tu tiempo. Él quiere que tu vida manifieste a diario Su presencia en el modo en que manejas todo, desde la prosperidad hasta una pérdida desgarradora, desde el entusiasmo efervescente hasta el completo aburrimiento. Desea que Su influencia pese más en tus acciones y decisiones que todas esas actitudes egoístas y condescendientes que muchas veces vienen a la mente con suma rapidez. Hasta es probable que quiera ponerte en el aprieto de una situación donde la única respuesta para tu liberación sea que Él haga algo especial por ti.

Dale la gloria.

Puedo recordar algunas de nuestras dificultades pasadas y espacios secos, y ver cómo finalmente Dios cambió las cosas para mejor. Recuerdo los milagros que realizó, la convergencia de sucesos inesperados que Él ocasionó. Todavía puedo citar los detalles de cómo realizó una poderosa recuperación de nuestra salud, de nuestras finanzas, de nuestras perspectivas para el futuro. Puedo ver (al menos, *espero* poder ver) cómo le damos la gloria por eso —no con perfección, pero al menos, con determinación— y cómo cualquiera que haya sido testigo o haya oído hablar de esto pudo reconocerlo como la obra evidente de Dios. Espero y oro para que Él crezca ante los ojos de otros al rodearnos de Su peso, mientras nosotros hacemos lo mejor de nuestra parte para señalarlo como nuestro Proveedor.

Es grandioso. Es lo que se supone que debe suceder.

Pero así es como probamos si estamos aprendiendo o no lo que Dios nos está enseñando en las clases en el desierto. Así es como sabemos si estuvimos prestando atención cuando nos hizo dar un rodeo. Veamos si tenemos la visión espiritual para *esperar* que Dios saque gloria de nuestra situación intermedia, un lugar incómodo y estrecho donde es mucho más fácil quejarse que orar. (Ahora, esto —*esto*— es en lo cual debo trabajar.) Veamos si hemos captado que la cercanía a Dios y el creciente deseo de Canaán son más valiosos que cualquier otra cosa. Veamos si podemos mantenernos firmes en reflejar Su gloria en lugar de repetir las quejas que nos consumen.

¿Qué hará Él para arreglar nuestra situación? No lo sé.

Pero ¿qué sucederá si nos rendimos a Él mientras estamos allí?

Dios recibe la gloria.

Eso me basta. ¿Y a ti?

Las expectativas en el intermedio

«Nuestros padres en Egipto no entendieron tus maravillas; no se acordaron de tu infinito amor, sino que se rebelaron junto al mar, en el mar Rojo [...] pronto se olvidaron de sus obras; no esperaron su consejo [...] sino que murmuraron en sus tiendas, [y] no escucharon la voz del Señor» (Sal. 106:7, 13, 25, LBLA).

Y como resultado, se perdieron numerosas oportunidades de reconocer lo que Dios había hecho, lo que estaba haciendo y lo que aún haría. Dios puede moverse a favor de Su pueblo y lo hace. Estos tiempos intermedios, cuando te encuentras caminando con dificultad a través de una extensión particularmente agreste o estancada, no han llegado a tu vida por error. Él está abriendo un camino para que sea vista Su grandeza, para que Su gloria se exhiba en plenitud, un sendero para que *experimentes* en tiempo real lo que Él promete cuando estás sentado en el banco de la iglesia, esperando que sea verdad.

¿Qué le pides a Dios que haga en esta época de la vida? Si pudieras expresarlo en palabras, ¿qué sería lo que más deseas? ¿Cuál será el desenlace más sorprendente y deleitoso de cualquier serie de circunstancias que estés llamado a vivir a lo largo de estos días?

No, no podemos exigirle eso a Dios. A Él no se le puede decir qué debe hacer; pero hay una diferencia radical entre exigir y esperar. Cuando oramos por aquello que más deseamos que suceda, podemos confiar con absoluta certeza en que Él actuará de acuerdo a nuestra oración o... que hará algo mejor. Sólo el Señor sabe qué nos preparará para nuestra próxima etapa de vida abundante, qué nos llevará más cerca de Él en comunión e intimidad, qué hará que Su gloria irrumpa en el escenario de nuestras vidas con un peso importante, donde todo aquel que quiera pueda verla.

No puedes equivocarte si afrontas el tiempo intermedio con esa clase de corazón y de espíritu.

SALMO 121:1-3, LBLA

CAPÍTULO 10

Lejos y cerca

MIS PADRES HICIERON UNA SERIE de viajes misioneros cuando éramos pequeños. Podían estar fuera de casa una semana o más durante un viaje, y nosotros los extrañábamos (casi) todo el tiempo. Cuando se acercaba el día de la vuelta, era natural que estuviéramos entusiasmados con su regreso, suponiendo, por supuesto, que nos traerían regalos.

Se había convertido en una rutina familiar: (1) Los padres se iban; (2) viajaban al extranjero; (3) regresaban con cuatro chucherías nuevas y brillantes, una para cada uno.

El día que llegaban, esperábamos ansiosos dentro de la casa hasta que oíamos que el auto entraba; entonces, nos dirigíamos a la puerta trasera en un solo bloque con cuatro cabezas, y casi los tumbábamos con nuestra entusiasta bienvenida. Recuerdo que el rostro de mi padre se iluminaba con júbilo cuando nos veía, justo antes de que su expresión se disolviera para fruncir el ceño cuando nuestras primeras palabras eran: «¿Qué nos trajeron?» «¿Qué hace?» «¿Qué dice?» «¿Pueden dármelo ahora?»

En realidad, no los queríamos a *ellos*. Sólo queríamos lo que nos habían traído.

Mientras escribo y recuerdo esto, Jerry y yo estamos en un vuelo de regreso a casa desde Londres. En cuestión de horas, estaremos de vuelta en el aeropuerto de Dallas. Nuestros niños estarán allí, deseosos de vernos... (¿no?). ¿O tendremos que obligarlos a que nos den un abrazo mientras se abalanzan sobre las valijas en busca de lo que les traemos?

De tal palo, tal astilla, supongo.

Las cosas no han cambiado mucho, ¿no es cierto? Hasta el mismo Yahvéh deseaba hijos que lo quisieran más a *Él* que a los regalos que podía darles. Procuraba tener intimidad con Su pueblo para que ellos anhelaran lo mismo a cambio. No los había liberado de Egipto sólo para llenarlos de regalos de esa tierra prometida, lo último en colección de leche y miel. Los había *liberado* para *acercarlos* a Él. Los había levantado sobre «alas de águila» (Ex. 19:4) para acomodarlos dentro de Su presencia amorosa y consumidora. Este pasaje en Éxodo 19 es lo que algunos han descrito como el «corazón del Nuevo Testamento»[14], que refleja las verdaderas profundidades de la comunión y la relación que Dios deseaba tener con Su pueblo. Esta era la razón principal de haberlos llevado a esa peregrinación: desarrollar en ellos la pasión hacia Él. Para eso los había conducido tan lejos.

Y «lejos» era la palabra correcta en este caso.

Tres meses de un largo y caluroso viaje los había hecho adentrarse en el desierto de Sinaí, cerca de la punta más austral de esta escabrosa península que se sumergía en el mar. En esta parte del viaje es cuando más se alejarían de la tierra prometida. Es probable que este haya sido el momento donde se sintieron más perdidos, más desesperados, más frustrados y más desilusionados desde que dejaron Egipto.

Puedo oír al pueblo de Dios preguntando: «Dios, ¿tienes idea de dónde estamos?».

Cómo desearía que hubieran podido escuchar —cómo desearía que *nosotros* pudiéramos escuchar— Su respuesta para tranquilizarlos: «Oh sí. Claro que sí».

Una montaña dominaba el paisaje en esta área —área que tenía un gran significado, y que pronto reverenciarían a conciencia—, una montaña tan santa que se la conocía por su nombre particular y sumamente característico: «monte de Dios» (Ex. 3:1; 24:13). No se trataba de una ubicación al azar en el mapa. Sería el centro de la atención de los hebreos durante los próximos once meses; testigo del cenit de todo el libro de Éxodo. Era aquí donde Dios planeaba cementar la relación que había estado desarrollando en ellos durante las últimas semanas. Y este sería el lugar donde les extendería una invitación divina; era de esperar que no la rechazaran.

> «Y el Señor dijo a Moisés: He aquí, vendré a ti en una densa nube, para que el pueblo *oiga* cuando yo hable [...] Y que estén preparados para el tercer día, porque al tercer día el Señor descenderá *a la vista de todo el pueblo* sobre el monte Sinaí (Ex. 19:9, 11, itálicas añadidas LBLA).

Allí estaba. Como una carta de amor sellada con oro, flotando hacia la tierra desde los cielos, invitándolos a nuevas alturas de intimidad. Yahvéh convocó a Su pueblo para que lo oyera y lo viera con sus propios ojos. Por primera vez, tenían la oportunidad de hacer algo que nunca antes habían hecho. Es cierto que lo habían seguido desde el mismo día que fueron librados de Egipto. Habían visto Su provisión milagrosa aquí y allá a lo largo del camino, y oído Su palabra entregada por su líder, Moisés. Pero ahora tenían la oportunidad de *oír* la voz de Dios con sus propios oídos, de *ver* la manifestación externa de Su gloria con sus propios ojos. Y esta posibilidad llegó, se les ofreció esta oportunidad, recibieron esta invitación en el desierto. En Sinaí.

¡Oh, Sinaí!

Tan lejos, y sin embargo, tan cerca... es decir, tan cerca de Dios. Aunque la intimidad divina tendría lugar en este sitio, había una gran distancia entre este punto geográfico y la tierra prometida. En tanto que los eruditos debaten el número exacto de kilómetros entre ambos lugares, no hay duda de que esta parada en el viaje los colocó en el extremo más distante de su destino deseado.

En tanto que para Israel y sus vecinos, Canaán representaba, en gran parte, una vida de bendición y abundancia *externas,* Sinaí simbolizaba un lugar de bendición y abundancia *internas.* Y las dos estaban bien lejos una de otra. Tal vez Yahvéh sabía que las bendiciones de Canaán podían cegar a Su pueblo para que no viera la prioridad de la relación con Él. Por lo tanto, primero los guió en la dirección opuesta para asegurarse de su lealtad. Y cuando el viaje los condujo lejos de la posible distracción de la leche y la miel, se encontraron cara a cara con Dios. Recién cuando se les permitió llegar a su punto más bajo, estuvieron listos para recibir el llamado a un completo compromiso con Él, a quedar establecidos como Su pueblo escogido y a recibir la invitación a una relación basada en el pacto.

¿Hoy te encuentras en Sinaí? ¿Estás en un período de la vida que te parece (o les parece a otros que miran en tu interior) totalmente opuesto a la bendición y la satisfacción personal? Entonces, deja que Sinaí te recuerde que no debes desanimarte. Dios te ha traído a este lugar, porque aquí hay un monte en el cual aparecerá la presencia de Dios. Muchas veces, cuando las bendiciones externas parecen evadirnos, los dones espirituales interiores vienen rodando hacia nosotros. Algunas veces —no siempre—, es necesario estar en las peores condiciones de tu vida para ver y oír al Señor.

Tal vez por eso, la experiencia de Sinaí —la oportunidad de encontrar a Yahvéh de una manera nueva— recién llegó después de tres meses de la salida de los israelitas de Egipto. «Ese mismo día» (Ex. 19:1) —y no un día demasiado pronto—, Dios los llevó a Sinaí. Acababan de salir de una tensa batalla contra los amalecitas, aquella en que Aarón y Hur tuvieron que sostener los cansados brazos de Moisés para que el pueblo prevaleciera. En esos meses anteriores, no sólo se habían encontrado con enemigos, sino que también habían andado a pie por el ardiente y polvoriento desierto, habían huido para salvar el pellejo de las manos de Faraón, y habían sufrido hambre y extrema sed. Tal vez, recién después de tres meses de soportar los sufrimientos del desierto, estuvieron listos para lo que Dios estaba a punto de darles.

Cuando vadeamos un tiempo de dificultad bajo Su guía protectora, nuestros corazones suelen prepararse para aceptar Su invitación y estar listos para caminar con Él en una relación de compromiso. Algunas veces, sólo después de atravesar las luchas de la vida, nuestro deseo de encontrarnos con Él en la montaña llega a su punto culminante.

Por lo tanto, el momento en que los israelitas llegaron al Sinaí no fue accidental. Dios calculó cuidadosamente que estuvieran en ese lugar, en ese día. El momento y las circunstancias eran de vital importancia para completar la obra que Dios deseaba hacer en el corazón de Su pueblo antes de conducirlo a la tierra de la promesa.

Escúchalo otra vez por ti mismo: estar en *este* lugar —«ese mismo día»—no es accidental. Es Su perfecta sincronización lo que te ha traído a este punto en tu viaje y a Su monte, con un corazón tierno, listo para recibir Su invitación a tener un encuentro íntimo con Él.

Debía suceder aquí. Debía suceder ahora. Eran el lugar y el momento escogidos por Dios. La gran obra que el Señor desea hacer en nuestro corazón —tener intimidad y comunión con Aquel que ama nuestra alma, al refinar nuestras pasiones y dirigirlas hacia Él— muchas veces tiene lugar en el punto más lejano posible de donde creemos que provienen nuestras mayores bendiciones. Sucede en Sinaí.

Este libro está en tus manos en este momento, y estás leyendo este capítulo ahora, porque Dios te está invitando a que vuelvas tus ojos hacia el monte. ¡Levanta la vista, amigo mío! Sinaí se encuentra delante de ti.

Atraídos desde la distancia

Jordan tenía seis años cuando sufrió su primera convulsión. Era un niño brillante y bravucón, cuyo cuerpo jamás le había dado a él ni a ningún otro el mínimo indicio de que hubiera algún problema. Hasta ese momento, había sido la personificación de la salud. Esto hizo que todo pareciera tan repentino. Tan espantoso.

Puedes imaginar lo asustado que estaba. Puedes imaginar, también, lo desesperados que estaban sus padres, en especial, cuando los médicos revelaron la causa del problema. Jordan tenía un tumor cerebral. Para peor, la masa estaba ubicada en una región del cerebro que la hacía inoperable. Hasta el intento de realizar una biopsia para confirmar si era cancerosa se consideraba demasiado riesgoso. Sin muchas opciones, la madre y el padre de Jordan regresaron a su casa con unos medicamentos para darle, con la esperanza de que ayudaran a detener, o al menos a minimizar, la amenaza de futuros episodios.

Sin embargo, las convulsiones persistieron. Y cada vez que experimentaba una, la memoria le quedaba notablemente afectada. Comenzó a perder palabras de su banco de memoria, lo que lo obligó a formar su propia forma de lenguaje por señas, para compensar esta deficiencia. Iba de mal en peor.

Se podría decir que se sentían tan lejos de Canaán como era posible.

¡Ah! cuánto rogaban a Dios por un milagro, como lo hubiera hecho cualquiera de nosotros. Cuánto le pedían respuestas. Se quedaban despiertos por la noche preguntándose por qué Dios permitía que su precioso hijo tuviera esta aflicción, por qué alguien tan pequeño debía familiarizarse con médicos, hospitales y conversaciones difíciles. ¿Cómo era posible que el Señor se glorificara con algo que resultaba ser tan debilitante y aparentemente irreversible?

Me adelantaré y te diré que, a su tiempo, Dios proporcionó un cirujano que pudo operar y quitar el tumor de Jordan. Ahora es un joven saludable con pocos rastros de la terrible enfermedad que una vez sufrió. Pero su madre, al reflexionar en lo que pasaron durante los días más oscuros de aquel entonces, tiene esto para decir:

«Esta experiencia fue necesaria para que pudiera dejar de lado mi independencia y pasara a depender de Dios. He aprendido de verdad a confiar en Dios para *todo* en mi vida. Me engañé al pensar que antes de todo esto le había entregado toda mi vida a Dios y había buscado en Él toda respuesta. Lo que aprendí a través de esta etapa de la vida fue que no era verdad. Es probable que haya *deseado* darle todo a Él, pero en el fondo de mi mente, me aferraba a las cosas que pensaba que yo podía atender.

»Cuando el tumor de Jordan comenzó a crecer y se decidió que necesitaba someterse a una cirugía, no tuve otra alternativa que rendirme y dejar que Dios hiciera las cosas a Su manera. Por cierto, no podía ir a la universidad para recibirme de neurocirujano en seis meses, así que, tuve que confiar en que Él cuidara a Jordan. Y sabía que lo haría, fuera cual fuera el desenlace. Dios sabe lo que sucederá en mi vida y tiene un plan para mí que es mejor que cualquiera que yo misma pudiera trazar».

Esta mujer ha dejado de buscar el placer que Dios pueda darle. El Señor la llevó tan lejos de su destino deseado como jamás hubiera soñado que era posible. La puso en Sinaí, a kilómetros y kilómetros del sabor y la sensación que la vida abundante suponía tener según ella. Sin embargo, en este lugar, ella lo conoció de una manera nueva. Vio Su rostro. Oyó Su voz. En realidad, la vida en la tierra prometida ya había comenzado para ella, porque ahora, sólo había una cosa que importaba: deseaba a Dios, no sólo Sus regalos.

Y aunque nuestras circunstancias sean completamente diferentes de las suyas, este es el giro que todos nuestros viajes deben dar: dirigirse hacia un monte de experiencia con Dios que nos marque como Su pueblo para siempre, que nos atraiga a la comunión como nunca antes.

El desierto seco y polvoriento siempre tiene el propósito de guiarnos a Sinaí.

Desde abajo, con la vista hacia arriba

Todo viaje por el desierto tiene su experiencia de Sinaí. En realidad, creo que es el propósito principal de Dios al llevarnos por este camino. Y al igual que los israelitas, es probable que nuestro Sinaí tenga lugar cuando nos encontremos muy, pero muy lejos de la tierra prometida. No digo que se nos *requiera* que toquemos fondo para poder estar en condiciones de disfrutar de una verdadera intimidad con Dios, así como tampoco digo que todos deben esperar el desierto en la vida. Pero, por lo general, cuando llegamos a nuestro punto más bajo —en la relación con otros, en los aspectos financiero, profesional, físico, emocional y hasta espiritual—, allí es cuando Dios enciende nuestro corazón de una manera totalmente diferente. Cuando descubrimos que el viaje se vuelve más difícil de lo que jamás imaginamos, es entonces cuando debemos mirar hacia arriba a la espera de una experiencia, una invitación de Dios que antes no habíamos tenido.

Si sabes mi historia, conoces mi testimonio de haber tenido una relación durante la universidad que estaba segura que terminaría en matrimonio. Cuando todo se vino abajo, el peso del rechazo me devastó al punto de amenazar mi salud emocional y física.

¡Cómo recuerdo el día en que llegué al punto más bajo! Conducía por la autopista 75 en Dallas, llorando a mares, con tanta fuerza que apenas podía ver la ruta frente a mí. Me di cuenta de que no podía conducir de manera segura con tanto llanto, así que llevé el auto al arcén y sepulté mi cara entre las manos. Me dolía el corazón. Mi espíritu estaba quebrantado. Le rogué a Dios en voz alta que por favor, *por favor*, restaurara esa relación que anhelaba tan desesperadamente.

Y en aquella angustia extrema, el Espíritu Santo me comunicó este pensamiento inolvidable: «Él no te quiere, Priscilla, y tú todavía quieres una relación con él. Yo *sí* te quiero. ¿Por qué no tienes una relación conmigo?».

En aquel momento, levanté la cabeza y, a través de las lágrimas, vi el monte de Dios. Me llegó la invitación sellada con oro, que me llamaba a una relación más íntima con Él.

Allí estaba, sentada a la vera del camino, con mis emociones hechas pedazos, con la sensación de que estaba más lejos de Canaán de lo que jamás había estado. Sin embargo, ese nivel de devastación, de quebrantamiento, sensibilizó mi corazón lo suficiente como para reconocer lo que Dios quería hacer en mi vida y para darle lugar. Como dijo de Su pueblo a través del profeta Oseas: «[...] angustiados, me buscarán con ansias» (Os. 5:15, NVI).

Aunque, desgraciadamente, no siempre es así.

Estar en Sinaí puede causar una reacción adversa. Cuando quedamos librados a nuestros propios recursos, fácilmente nuestra frustración y desilusión pueden hacer que demos la espalda al monte de Dios en lugar de hacerle frente de lleno. Podemos impacientarnos tanto con las circunstancias cotidianas y triviales que llenan nuestras vidas, que mantenemos la cabeza hacia abajo en lugar de elevarla hacia el pico de Su presencia. Es posible que nos perdamos la invitación y la oportunidad de encontrar a Dios de una manera que revolucione nuestra vida, mientras estamos sentados en un punto lejos de Canaán.

Señor, ten misericordia. No permitas que la perdamos.

Historias de campamento

Sé cómo te sientes. Quieres salir del desierto y alejarte de la península del Sinaí tan pronto como sea posible, ¿no es cierto? Oras para que esta etapa de la vida que ahora estás transitando termine antes que este libro. Pero ¿y si te apuras y luego te das cuenta de que te lo perdiste, que lo perdiste a *Él*? ¿Y si había cosas que Dios quería mostrarte, experiencias con Él que quería darte, pero pasaste como una tromba en tu apuro por salir del aprieto?

Israel, conducido por un hombre que sabía un par de cuestiones sobre lo que significaba encontrar a Dios en el desierto, decidió tomar una postura frente a Sinaí diferente a la que normalmente tomo yo. Como sabrás, Moisés ya había estado aquí antes. Recuerda que este lugar no le era extraño y que también estaba familiarizado con tocar fondo. Ya había estado antes en Horeb (otro nombre para Sinaí). A los 40 años, había huido del palacio de Faraón para salvar su vida. Había sido príncipe de Egipto, pero había perdido sus derechos al trono cuando mató a un soldado egipcio al que vio abusando de uno de sus compañeros hebreos. Cuando Faraón descubrió lo que Moisés había hecho, procuró matarlo y él huyó al desierto.

Tú sabes lo que sucedió después. Un día, «mucho tiempo después» (Ex. 2:23), mientras cuidaba los rebaños de su suegro al pie de este monte, Dios dirigió su mirada a un arbusto ardiente y a un encuentro con el eterno

YO SOY. Durante este período inseguro e incómodo de su vida, Moisés fue llevado sobrenaturalmente a la intimidad con Dios, y la misión de su vida cambió desde aquel día en adelante. Si había alguien que sabía cómo una experiencia en Sinaí puede cambiar la vida y modificar la existencia de toda una nación, ese era Moisés. Entonces, cuando se acercó al monte de Dios por segunda vez, conduciendo un rebaño humano en lugar de uno de cuatro patas, tenía toda la expectativa de ver y oír. Sin duda, desbordaba de santa expectativa.

Y así, bajo su liderazgo: «[...] acampó allí Israel delante del monte» (Ex. 19:2). Y allí se quedaron, once meses más.

El significado de la palabra original para «acampó», en Éxodo 19:2, significa levantar una tienda, morar, descansar. Siempre era un habitáculo protector temporal para una tribu, nunca uno permanente. Hazte esta imagen mental: dos millones de refugiados desempacando sus mochilas, armando sus carpas y guardando el ganado en corrales, para una estadía prolongada. Habrá sido todo un esfuerzo, un esfuerzo frustrante. Este no era el destino definitivo y ellos lo sabían. No habían dejado Egipto para encontrarse con esto, y sin embargo, bajo la nube de Dios que los guiaba, decidieron abrir la invitación divina. Resolvieron acomodarse, armar la tienda, acampar —con preguntas y todo— y volver su atención al monte de Dios.

Sé que cuando estoy en el desierto de la incertidumbre, con todas esas horadantes preguntas «por qué» y «cómo» dándome vueltas en la cabeza, lo último que quiero hacer es armar la tienda y acampar durante un tiempo. No quiero acomodarme ni ponerme cómoda en esta parte del viaje. Cuando me encuentro en una etapa de la vida en la que no quiero estar, me resulta difícil desempacar las valijas y confiar en que Dios me pondrá en movimiento cuando sea el momento adecuado. Lo primero que tiendo a hacer es escapar de la sombra de la guía de Dios, correr delante de Él y salir de allí lo antes posible.

Pero el antiguo Israel nos enseña otra cosa. Parece que sabían que acampar alrededor del monte no sólo les daba el privilegio de contemplar a Dios en esta etapa del viaje, sino que también sería un habitáculo protector mientras estaban aquí. Su formación era estratégica y los ayudaría a mantener a raya a cualquier enemigo que tratara de invadirlos. Estar en esta montaña, acomodados bajo la sombra de la presencia de Dios, era mucho mejor que estar en otro lugar, aunque fuera más confortable, sin Su presencia cerca. Como sabes, lo mismo se aplica a ti y a mí. Estás mejor protegido en el desierto de Sinaí con Dios que en cualquier otro lugar sin Él.

Así que, Israel no se apuró ni pasó por alto la nube de Dios que los guiaba, en un esfuerzo por seguir adelante con el viaje. Aun con un futuro incierto y millones de preguntas danzando en sus mentes, sin entender por completo por qué Dios los había traído a este lugar, se detuvieron y acamparon. Observaron y escucharon. Y no quedaron desilusionados. «Y el Señor descendió al monte Sinaí, a la cumbre del monte» (Ex. 19:20).

¡Aaah! Dios descendió. E Israel lo contempló.

Permíteme ofrecerte el mismo aliento que, seguramente, Moisés le dio al pueblo antes de subir para recibir la ley de Dios y Sus mandamientos: *acampa aquí junto a la montaña.* Cuando ya no te quedan recursos, cuando te parece que la distancia entre tú y tu destino es más vasta de lo que jamás ha sido, levanta la mirada para no perderte el momento cuando Dios desciende. Una invitación está en camino y lleva tu nombre. Es una oportunidad para tener una experiencia con Dios que cambiará tu andar con Él para siempre. Permanece comprometido con lo que Él desea que logres en esta importante etapa de aprendizaje y de desarrollo de una relación. No temas hacer tu hogar aquí en el monte de Dios todo el tiempo que sea necesario, hasta que la nube de Su presencia declare que el camino es seguro para volver a viajar. No te apures para salir del desierto, ni tampoco te apresures a dejar atrás la experiencia de Sinaí.

Espera.

Siéntate derecho.

Dale tiempo.

Cálmate.

Desempaca. Porque acampar es parte de este viaje. La paciencia es parte de lo que se requiere de nuestros corazones para seguir sintonizados con los deseos de Dios.

Desea al Dador, no sólo Sus dádivas. No sigas adelante hasta que hayas visto y oído al Señor.

A pesar de la dificultad de tu viaje, a pesar de todas las preguntas que has traído contigo, a pesar de la incomodidad y la impaciencia que sientas, te insto a participar de lleno en cada etapa que tengas que pasar en Sinaí. No dejes armadas las valijas ni sigas arreglándote con el equipaje de mano. No duermas con la ropa puesta ni obligues a la compañía a trabajar a toda prisa. No te pierdas lo que Dios quiere hacer contigo «[este] mismo día», incluso cuando estés en el punto más alejado de tus esperanzas y de tus sueños. Tu encuentro con Él en este desierto ha sido planeado para este momento. Mira y escucha.

Al final de cuentas, este punto culminante en el viaje de los israelitas por el desierto es símbolo del punto culminante en nuestras vidas también. Por esta razón, Él te salvó, te levantó y decidió traerte cerca.

Entonces, hunde las estacas de tu tienda bien profundas. Y eleva tus ojos al monte.

El Señor es muy celoso, su nombre es Dios celoso.

Éxodo 34:14 NVI

CAPÍTULO 11

Completamente suyo

JACKSON TENÍA SÓLO CUATRO MESES y viajaba con nosotros en avión por primera vez. Yo me había dormido, mientras Jerry lo tenía en brazos en el asiento junto al mío. De repente, un olor hediondo me despertó. Miré a Jerry, que seguía con Jackson en brazos, pero ya no lo tenía cerca de sí. Con una mueca en el rostro, mi esposo sostenía a su amado primogénito con los brazos extendidos.

Mamá al rescate.

Saqué un pañal y el talco para bebé de nuestro bolso de mano y llevé rápidamente a Jackson al baño del avión, pensando en una limpieza y cambio de pañales habitual. Nada de eso. Estuvo inmensamente lejos de ser algo normal. Remoción de residuos tóxicos.

Puedo decir con sinceridad que nunca había visto nada igual. Te evitaré los detalles, pero basta con decir que tuve que bañarlo de pies a cabeza y tirar toda su ropa. Cuando finalmente salí del pequeño baño, me sentía mal por el desprevenido pasajero que tuviera que entrar a continuación.

Cuando regresé al asiento, puse a Jackson nuevamente en brazos de su padre. Intercambiamos una mirada silenciosa que comunicó la severidad de la explosión, como así también el restablecimiento de las condiciones limpias de vida. Jerry sonrió, miró los ojos soñadores de su bebé recién bañado y perfumado, y lo acunó junto a su pecho durante el resto del vuelo a casa. Aunque la relación entre padre e hijo nunca había cambiado, el nivel de intimidad entre ambos se había interrumpido momentáneamente.

Momentos antes, había sido necesario sostener al niño alejado, hasta donde lo permitían los brazos. Ahora se encontraba en íntima relación con su padre.

Al igual que Jerry con su hijo, nuestro Padre celestial desea tenernos cerca de sí. No hay nada que pueda cambiar tu relación Padre-hijo, pero intimidad es la pasión de Dios, lo que Él anhela celosamente. Sin embargo, esta cercanía es completamente inalcanzable hasta que se quitan el hediondo olor y las manchas de nuestro pecado. Si queremos pasar de cierto distanciamiento a la cercanía de un abrazo en nuestra relación con Dios, necesitaremos cambiar. Menuda tarea.

Pero esa es una de las cosas que busca lograr la experiencia de Sinaí: colocarnos cara a cara con el llamado de Dios a la santidad personal. Cuando de verdad comenzamos a desearlo más a Él que la tierra a la que nos está llevando, no queremos que nada se interponga en el camino de la intimidad. Cuando verdaderamente empezamos a comprender el amor de Dios hacia nosotros y asimilamos hasta dónde ha llegado para relacionarse con nosotros, comenzamos a sentir de manera diferente cuando Su Palabra y Su Espíritu demandan nuestra obediencia.

Considera nada más las asombrosas hazañas que ha llevado a cabo para establecer una relación con nosotros, cómo nos ha librado de la esclavitud del pecado, nos ha tomado sobre alas de águilas y nos ha llevado a Él (Ex. 19:4). Saber que Él nos ama así debería hacernos desear corresponderle con nuestro amor. Con esto en mente, negarnos al pecado y hacer lo que Él requiere ya no parece frustrante ni gravoso, inalcanzable ni abrumador. Más bien, seguirlo con todo nuestro corazón se convierte en un gozo. Es lo que queremos, porque entendemos que estar cerca de Él es más que valioso.

Los beneficios de la tierra prometida son el resultado automático de una profunda relación de amor. Estar cerca de Él ahora vale lo que sea que implique, cualquier supuesto sacrificio. Es como si nos hubieran dado un «corazón nuevo» y un «espíritu nuevo»; el cambio de nuestro «corazón de piedra» por un «corazón de carne» (Ezeq. 36:26): lo mejor para amarlo.

Y así, Él llamó a Israel a la santidad en Sinaí, tal como nos llama a nosotros hoy, no para impedir que nos divirtamos, sino para permitir experimentar la intimidad que nos dará la leche y la miel que anhelamos.

Este mensaje de la santidad requerida fue el primero que el Señor le dio a Su pueblo escogido mientras estaba junto a la montaña de Dios.

> «Ahora, pues, si diereis oído a mi voz, y guardareis mi pacto, vosotros seréis mi especial tesoro sobre todos los pueblos; porque mía es toda la tierra. Y vosotros me seréis un reino de sacerdotes, y gente santa» (Ex. 19:5-6).

Antes de poder comenzar a contemplar este claro llamado a una vida de obediencia, debemos recordar que este pedido al pueblo de «obedecer» Su voz vino a los tres meses del viaje —sólo *después* de su liberación de Egipto— así como Su llamado a nosotros llega *después* de haber recibido el perdón por nuestros pecados al poner nuestra fe en Cristo y ser librados de la esclavitud. La santidad no era un requisito para la liberación. Ya habían sido liberados. El llamado a vivir en santidad fue *después* de la liberación que les dio quien más los amaba.

De nadie se espera que sea lo suficientemente bueno como para ganarse la salvación. De nadie. No hay cantidad de vida santa que pueda ganarte un lugar en la eternidad. Pero luego de haber recibido la gracia de Dios, se nos ha dado el Espíritu Santo para que more en nosotros. Entonces, y sólo entonces, recibimos el poder para convertirnos en personas que verdaderamente tengan la capacidad de hacer y pensar cosas santas. Como resultado, tenemos la oportunidad de acceder al mismo paquete de beneficios que Él le entregó por primera vez a Su pueblo Israel, incluso el privilegio de vivir con las siguientes identidades:

Ser Su «especial tesoro»: Él le adjudica un alto valor a cada persona y se relaciona con ella (Ex. 19:5).

Ser «un reino de sacerdotes»: cada individuo tiene completo acceso a Él, a la vez que la nación en su conjunto actúa como sacerdotes para promover el conocimiento de Dios y transmitir Sus bendiciones a las naciones del mundo (Ex. 19:6).

Ser «gente santa»: separada para Su servicio y Sus propósitos (Ex. 19:6).

En esta experiencia de Sinaí, Dios se encontraba en el proceso de atraer a Su pueblo hacia sí más que nunca. Los inspiró a vivir en conformidad con lo que les estaba enseñando y revelando, para que pudieran recibir los beneficios de todo lo que su relación debía conllevar. Y para que conocieran los beneficios que recibirían y tuvieran la seguridad de que la obediencia valdría la pena, les ofreció lo mismo que nos ofrece a nosotros: un pacto.

La prometida cercanía

Dios es quien inicia todos los pactos. El término «pacto» en el lenguaje hebreo original es *beret,* una promesa o un acuerdo entre Dios y el hombre[15]. Por lo tanto, hasta un pacto como el que se ofreció en Sinaí, un pacto *condicional* basado en la obediencia del pueblo, sigue siendo un acto de pura gracia y bondad divinas hacia individuos caídos que no merecen ni una sola mirada de Él. La Escritura contiene varios ejemplos de pactos condicionales entre Dios y Su pueblo. Su pacto con Adán, por ejemplo, contenía la condición de no comer del árbol del conocimiento del bien y del mal (ver Gén. 2:17). Pero Su pacto con Abraham —«Y haré de ti una nación grande, y te bendeciré, y engrandeceré tu nombre» (Gén. 12:2)— no dependía en absoluto de un compromiso por parte del patriarca. En cambio, dependía por completo de la inconmovible firmeza de Dios. Que Dios eligiera a Israel, lo liberara de la esclavitud y lo sostuviera a lo largo del extenso viaje por el desierto —a pesar de las quejas del pueblo— fue el resultado directo de Su pacto incondicional con Abraham, antepasado de ellos.

Sin embargo, había llegado la hora de que los hijos de Israel no siguieran montados en el carro de sus predecesores. Dios consideró necesario en este momento de la historia de Su pueblo, en esta profunda experiencia en Sinaí, que se comprometieran en forma personal con Él. Por lo tanto, se les acercó a través de un pacto condicional «si/consecuencia». Para recibir los beneficios que Yahvéh les ofrecía, el pueblo tendría que «obedecer» Su voz y «guardar» Su pacto. El mero gozo de conocerlo, de estar cerca de Él y de recordar todo lo que había hecho por ellos sería la motivación constante para seguirlo. Y *si* obedecían, en *consecuencia*, recibirían los beneficios del pacto.

En la actualidad, tú y yo seguimos interactuando con Dios sobre la base del pacto (excepto que como creyentes en Cristo y miembros de Su iglesia, se nos ha dado la promesa *incondicional* de permanecer delante de nuestro Dios santo). La contrapartida del pacto mosaico reflejada en el Nuevo Testamento revela que el paquete de beneficios que se les extendió a los primitivos hebreos, basado en su obediencia, es nuestro sin condición, basado en la rectitud de Cristo.

> «Mas vosotros sois linaje escogido, real sacerdocio, nación santa,
> pueblo adquirido por Dios, para que anunciéis las virtudes de aquel
> que os llamó de las tinieblas a su luz admirable» (1 Ped. 2:9).

Sin condiciones. No se requieren obras. Es todo gracia, todo el tiempo.

Los ojos se me llenan de lágrimas, de verdad, ante este amor indisoluble de un Dios santo hacia la iglesia. Quedo atónita frente a la realidad de que Él conoce mis debilidades y falencias. Conoce de antemano todos mis futuros fracasos y, sin embargo, me ofrece tanta abundancia, ¡sin condiciones! Al saber que Dios nos ha dado dones sin condiciones, ¿no deberíamos desear amarlo más, depender de Él totalmente y obedecerlo por completo? Si Israel se sintió obligado a obedecer (Ex. 19:8) contando con un pacto condicional, ¿cuánto más debería sentirse obligada la iglesia de hoy?

Deja que este tiempo mientras acampas al pie del Sinaí te recuerde que Dios te ha hecho justo incondicionalmente, *a pesar* de que no siempre cumplimos con nuestra parte del trato.

Entonces, ¿qué hacemos cuando no experimentamos los beneficios del pacto que sabemos que nos pertenecen? ¿Quién o qué tiene la culpa de que no *experimentemos* el tremendo valor que tenemos para Dios, que no *experimentemos* la clase de cercanía que siente un niño con el padre que lo ama, que no *experimentemos* la sensación que produce saber que nuestras vidas están en regla con los propósitos de Dios para nosotros como Su «pueblo escogido», Su «real sacerdocio», Su «nación santa», un pueblo «adquirido por Dios»? Una rápida mirada al espejo de Isaías 59:2 puede ayudarnos a recibir la respuesta: «… pero vuestras iniquidades han hecho división entre vosotros y vuestro Dios, y vuestros pecados han hecho ocultar de vosotros su rostro para no oír».

¿Quién es el culpable? Tú.

¿Cuál es el problema? El pecado.

Nosotros somos quiénes nos mantenemos a cierta distancia del que nos creó, nos redimió y anhela tenernos cerca. Nuestra negligencia o rebelión contra Su gracia trae como resultado una sensación de distanciamiento. Perdemos la cercanía a cambio de… nada. Jugamos con el pecado y la rebelión tanto como con sus consecuencias, con justificaciones que van desde lo rotundamente siniestro a lo simplemente tonto. Y aunque ya no estamos bajo la ley ni tenemos necesidad de esforzarnos por ganar la aceptación de Dios, debemos tomarnos en serio Su llamado a una vida diaria de santidad, si deseamos esa comunión que resulta de encuentros con Dios que transforman la vida.

¿Qué te ha pedido que hagas, digamos, en las últimas 24 horas? ¿Lo estás haciendo? ¿Obedeces lo que te ha dicho o evades Sus instrucciones tal vez sólo para demorar la obediencia? Acatar o no Sus órdenes puede ser lo que determine si nos sentamos en Su regazo o bien frente a Él. ¿Vale la pena arriesgarse?

Él no quiere que sea así.

No con toda la leche y la miel que tanto desea darnos.

Entonces, cuando algunas veces no alcanzamos las expectativas, nuestro Dios tenaz, que tanto nos anhela y que no está dispuesto a mantenernos a cierta distancia, por Su misericordia (aunque no lo parezca) nos guía a Sinaí, donde nos encontramos cara a cara con Él, para descubrir quién es y qué ha hecho; una vez más, nos damos cuenta de que el desarrollo de la santidad personal como forma natural de vida no tiene comparación. Cuando nos sometemos a los deseos que Dios tiene para nuestras vidas y permitimos que la santidad que nos ha atribuido a través de Cristo se convierta en la cualidad que crece en nosotros en forma habitual, sentimos que nuestra cabeza se reclina contra Su pecho. Experimentamos en nuestra mente, en nuestro cuerpo y en nuestras emociones lo que Él ya ha hecho realidad en virtud de Su gracia redentora.

Nos sentimos atraídos cerca de Él, y entonces, el pecado pierde poder sobre nosotros y no nos puede robar la deliciosa sensación de sentirnos en casa otra vez. Justo donde nuestro Dios quiere que estemos.

Perdidos y encontrados

Hace algunos años, llevamos a nuestros niños a Disneylandia. Allí pasamos momentos «mágicos», casi todo el tiempo. Sin embargo, un momento particular de nuestra experiencia en ese Reino Mágico estuvo lejos de ser encantador.

Si has visitado este lugar, sabrás que una de las áreas en el parque incluye un enorme sitio de juego para preescolares (o tal vez, en realidad sea para los padres que necesitan un lugar donde sentarse a recuperar las fuerzas). Mientras Jerry fue a buscar algo para comer, yo me quedé sentada mirando a nuestro hijo Jackson, de tres años, mientras subía y bajaba por el tobogán, caminaba sobre una barra haciendo equilibrio, y entraba y salía de los túneles. Sin embargo, su hermanito de un año enseguida comenzó a rogar —como lo hace un bebé de un año—que quería unirse a la diversión.

¿Qué hace mamá en una situación así? Lo más sabio no es soltar al bebé para que los otros pequeños lo pisoteen mientras gritan. Entonces, mamá hizo lo que hacen las mamás. Tomé a mi pequeño en brazos, subí la escalera, lo hice caminar tambaleante sobre las plataformas y hasta me lancé por el tobogán mientras lo sostenía fuertemente con los brazos frente a mí. Cuando llegamos a tierra, se reía a carcajadas, y dejé que cayera con sus propios pies, como si lo hubiera hecho por sí mismo. Le quité el polvo, hasta de la sonrisa, y volví para ver si su hermano mayor nos seguía de cerca.

«¡Jackson!» No lo veía.

«¡Jackson!» No estaba arriba, tampoco abajo, ni arrastrándose por la parte de atrás.

«¡JACKSON!»

Les pregunté a las otras madres que estaban sentadas cerca si no habían visto a un niño afroamericano, más o menos así de alto, con una remera roja y orejas de Mickey Mouse.

No. Tal vez.

Miraba para todos lados y lo único que veía eran niños, pero no a Jackson. Y en esos frenéticos escasos momentos en que una madre sabe que su hijo está perdido, pero no sabe dónde buscarlo —y comienza a pensar absolutamente en lo peor—, comencé a rogarle a Dios como nunca antes: «¡Por favor, devuélveme a mi hijo!». Busqué a mi Jackson por aquí y por allá, mientras gritaba con desesperación y también se me unían algunos miembros del personal de *Magic Kingdom* que, de repente, aparecieron de la nada y comenzaron a hacerme preguntas para ayudarme en la búsqueda. Finalmente, luego de los quince minutos más largos que tuve que soportar en mi vida, divisé a un empleado de Disneylandia que caminaba hacia mí, trayendo a Jackson de la mano. Aparentemente, en cuanto yo me levanté para llevar a su hermano, él había salido del gimnasio para buscarme.

Corrí hacia él y lo estreché en mis brazos. Encontramos un sitio cercano para sentarnos y acurruqué a mis dos niños junto a mí, uno de cada lado, mientras todavía lloraba y agradecía a Dios porque mis hijos estaban a salvo y junto a mí.

Y en aquel momento de maravilloso alivio, incluso con todo el ruido de Disney y la música que sonaba a nuestro alrededor, sentí que el Espíritu

Santo me hablaba y me decía: «Priscilla, no pudiste soportar quince minutos separada de tu hijo. ¿Cómo crees que me sentí cuando voluntariamente entregué a mi Hijo por ti, cuando sentado desde los cielos observé que lo torturaban por ti? Así de grande es mi amor por ti».

¡Qué gran sacrificio fue!

Así es, nuestro Dios, fiel a Su pacto de amor hacia nosotros, encontró la manera de tenernos junto a sí en Su apasionado abrazo a través de la sangre salvadora de Jesucristo. Por tanto, qué tonto es que nosotros, luego de haber recibido una misericordia tan ilimitada, después de ver pruebas de Su provisión por todas partes, rechacemos Su llamado a «acercarnos», sabiendo que Él ha prometido acercarse a nosotros.

Sin embargo, esto es lo que solemos hacer. Como observó el filósofo norteamericano Sam Pascoe: «El cristianismo comenzó en Palestina como una comunidad (una relación), luego se trasladó a Grecia y se convirtió en una filosofía (una manera de pensar). Más tarde, se trasladó a Roma y se convirtió en una institución (un lugar donde ir) y después a Europa, donde se convirtió en una cultura (una forma de vida). Finalmente, se estableció en Norteamérica, donde se ha convertido en una empresa (un negocio)»[16]. Con el tiempo, tendemos a mantener una distancia cómoda entre nosotros y Dios, manteniéndolo en un punto donde podamos manejarlo, intercambiando intimidad por ritual, temerosos de que la cercanía también signifique una pérdida de libertad.

Pero deja de resistir lo que Dios está haciendo aquí en Sinaí. Rinde todo lo que te lleve constantemente a no querer acercarte. Descansa cerca de Él. Escúchalo, experimenta cómo te acerca hacia su regazo.

Primero la obediencia, luego la experiencia

La experiencia de Israel en Sinaí nos muestra un modelo que vale la pena tener en cuenta. Su experiencia de ver y oír a Dios no llegó hasta que «todo el pueblo respondió a una, y dijeron: Haremos todo lo que el Señor ha dicho» (Ex. 19:8, LBLA). En cuanto se comprometieron a obedecer, mientras estaban en esta montaña, el monte de Dios en Sinaí, por primera vez pudieron escucharlo con confianza.

Creo que no conozco a ningún creyente que no esté interesado en oír a Dios. Sin embargo, conozco a muchos —incluyéndome a mí misma, algunas veces— que no quieren que se necesite fe y obediencia para hacerlo. Deseamos oír a Dios sin desear a Dios. Queremos recibir Su dirección sin *seguir* Sus instrucciones, sin tomarnos tiempo para conocer Su corazón al participar en Su santidad, la cual dice la Biblia que es «el adorno de tu casa» (Sal. 93:5, BAD). Pero lo cierto es que la vida de rectitud es un prerrequisito para vivir en la tierra prometida. Ser conscientes de Su presencia, oír Su voz y experimentar Su poder está todo subordinado a nuestra sumisión a Él como Señor. «Y al que ordenare su camino, le mostraré la salvación de Dios» (Sal. 50:23). Si optamos por la obediencia, aun antes de ver sus beneficios, siempre seremos compensados.

Primero la obediencia; luego la experiencia.

La mayoría de las veces siguen obrando en ese orden.

Servimos a un Dios que desea ser oído. En realidad, como lo hemos descubierto juntos a lo largo de nuestro viaje, muchas veces permitirá que nos embarquemos en una experiencia desértica para que nuestros oídos espirituales estén más abiertos a lo que tiene que decirnos. Por lo general, la parte más difícil de nuestra caminata es ese lugar.

Si el pueblo escuchó de verdad la voz audible de Dios en Sinaí es un asunto de debate teológico, aunque Él afirmó claramente en Éxodo 19:9 que se comunicaría con Moisés como para que el pueblo oyera mientras hablaban. De todas formas, no creo que la diferencia de opiniones entre eruditos sea lo importante en este texto. Lo cierto es que lo *oyeron*, y eso es todo lo que importa.

Nunca he oído a Dios hablar de modo que pueda oírlo con mis oídos. Nunca he conocido a alguien que lo haya experimentado. Pero fíjate hasta dónde llegó para llevar a Su pueblo a este lugar donde pudieran oír lo que tenía que decir. Y si te encuentras en una etapa desértica en tu vida, puedes estar seguro de que Él recorrerá las mismas distancias increíbles para revelarse a ti. Debes tener la plena certeza de que tu corazón está siendo preparado desde ahora para recibir la guía personal del Espíritu.

Muchas veces, escucho la voz de Dios con más fuerza en el desierto de la incertidumbre, cuando mi corazón está más tierno y mi espíritu, más sensible. Es entonces cuando el Señor saca Su megáfono para darme un mensaje que sé, con certeza, que proviene de Él. Tal vez no sea la respuesta que llene los vacíos de mis preguntas más ardientes; pero casi siempre es tan sólo una conciencia de Su presencia que no he conocido antes. Como resultado, salgo de estos períodos de desierto con mayor confianza y comprensión, que me permiten discernir Su guía.

El acto de equilibrio

Entonces, Dios nos quiere cerca. Desea la intimidad y la comunión. Desea la amistad. Éxodo 19 y la experiencia original en Sinaí lo dejaron establecido más allá de toda duda. Este deseo de cercanía revela Su *inmanencia*, Su presencia y Su participación sustentadora en nuestras vidas. Sin embargo, pocos versículos más adelante, obtenemos una clara visión de la majestad y la santidad de ese mismo Dios que desea mantenernos cerca. Esta es Su *trascendencia*, Su cualidad de ser otro, al estar por encima y separado de nosotros.

Cuando Dios se encontró con Moisés en Sinaí, le dijo a Su siervo: «Ve al pueblo y conságralos hoy y mañana, y que laven sus vestidos; y que estén preparados para el tercer día, porque al tercer día el SEÑOR descenderá a la vista de todo el pueblo sobre el monte Sinaí» (Ex. 19:10-11, LBLA). Pero enseguida, Moisés respondió: «El pueblo no puede subir al monte Sinaí, porque tú nos advertiste, diciendo: "Pon límites alrededor del monte y santifícalo"». (v. 23).

Sin duda, el Señor los había invitado a tener intimidad; pero ahora, antes de darles los Diez Mandamientos por los cuales deberían dar cuenta, Él colocó el equilibrio adecuado a la relación. Esta acción externa de lavarse la ropa —lo suficientemente completa como para requerir tres días enteros— simbolizaba la limpieza que debía tener lugar en sus corazones. Los límites que el Señor puso alrededor del monte, con castigo de muerte para quien los violara, eran otro recordatorio de que Él no debía ser tratado con indiferencia ni superficialidad. Aunque la inmanencia era Su prioridad, no iba a sacrificar Su trascendencia en el altar.

A Él no podía tomárselo a la ligera. No era su compinche. Era Dios. ¡Él *es* Dios! Y no podemos esperar oírlo y verlo si nos resistimos a conformar nuestras vidas a Su señorío, Su palabra y Su carácter. Si se requiere un desierto para ayudarnos a entender, Él es lo suficientemente inmanente como para comprometerse con esa empresa tan personal en nuestra vida. Y como sabe que necesitamos más que eso, es lo suficientemente trascendente como para lograr a través de este tiempo desértico lo que ningún ser humano podría ni habría de hacer nunca por sí solo.

Y así, en un sólo capítulo de la Biblia, vemos dos aspectos sumamente reales e importantes del mismo Dios. Esta sigue siendo una de las raras bendiciones de nuestras experiencias en Sinaí, incluso hoy en día. Nos ayuda a mantener estas dos realidades paralelas de Dios en un saludable equilibrio.

A lo largo de la historia de la iglesia, el pueblo de Dios ha tenido la tendencia a ir de uno de estos énfasis al otro. En épocas cuando se construían catedrales aquí y allá para honrar la santidad y la imponencia de Dios, esta concentración mayor en Su trascendencia solía impedir que los cristianos tuvieran una relación personal con Él o que creyeran que podían experimentar una comunión íntima con el Señor. Durante otras épocas en que la iglesia ha puesto más énfasis en Su inmanencia, los creyentes han enfatizado esta relación al punto de excluir el apropiado temor y la adecuada reverencia. Cuando tratamos al Señor como un amigo más que como un Dios santo, podemos pasar por alto que Él no tolera la rebelión, que se caracteriza por Su ira y justicia tanto como por Su misericordia y gracia.

Si en nuestra cultura moderna nos inclinamos más hacia uno de estos dos atributos de Dios, es probable que nos alejemos de Su trascendencia. No lo digo porque nuestras iglesias estén volviéndose más informales y relajadas ni porque nuestros estilos de culto sean más contemporáneos. Lo digo porque descuidamos bastante nuestra obligación de asistir a la iglesia y no le damos la prioridad adecuada a estar activos en un ministerio. Lo digo porque somos perezosos cuando se trata de pasar tiempo con Dios y descuidamos seguir obedientes a Él. Las actitudes y las conductas de muchos creyentes hoy en día no difieren mucho de las que vemos y esperamos de los hombres y las mujeres que no tienen ningún temor de Dios.

¡Ah! Que nuestros corazones nunca olviden lo que vemos y experimentamos en Sinaí, lo que oímos y sentimos cuando Dios capta toda nuestra atención y contemplamos Su esplendor. La inmensidad de Su trascendencia echará por tierra la débil seguridad de nuestra propia justicia, y una clara visión de Su santidad nos llevará a ponernos de rodillas arrepentidos. Necesitamos estos dos aspectos de Dios para seguir en una santa tensión, nos llama conjuntamente a la obediencia y a la cercanía a Él.

Una revelación de Su majestad no busca asustarnos, como tampoco pretendió causar este efecto en el antiguo Israel haciéndolos correr atemorizados de Él. Cuando vieron el humo y el fuego, y oyeron la trompeta y todos aquellos truenos, no se suponía que temblaran de miedo y salieran corriendo a refugiarse. La palabra que Moisés usó en Éxodo 20:20, al decirle al pueblo que no tuviera temor de la trascendencia de Dios, conlleva la idea de no estar aterrorizado o paralizado por el miedo. El temor que Él requería de ellos para producir un equilibrio en sus vidas era esa respetuosa reverencia que inspira humildad, adoración y obediencia. «… porque para probaros vino Dios», dijo Moisés, «y para que su temor esté delante de vosotros, para que no pequéis» (Ex. 20:20, LBLA), para que puedan experimentar Su proximidad, conocer Su inmanencia y trascendencia en una equilibrada armonía. Dios no mostró Su gloria en la montaña para que corrieran *de* Él, sino para que corrieran *hacia* Él.

Es imposible escapar de la santidad de Dios y del requerimiento santo que nos hace; no es que sea necesaria para la salvación, pero sí para ir más allá de la indiferencia de estar sentados en un banco de la iglesia, esa clase de santidad que nos hace caminar en libertad.

Entonces, aquí estamos junto a los hijos de Israel, con los pies tal vez plantados en lugares donde realmente no quisiéramos estar, acampando en un lugar que preferiríamos dejar atrás cuanto antes. Comprendo tu frustración. Yo he estado allí. Lo he sentido. Comprendo tu cansancio. He tenido días en que no veía cómo saldría adelante, tal como te ha sucedido a ti.

Pero amigo mío, por favor, no desperdicies lo que Dios está perfeccionando en ti aquí en el desierto. No te prepares para partir de Sinaí hasta que una vida totalmente comprometida y expectante con Cristo sea lo que deseas más que nada. Aférrate a Él. Acampa junto al monte. Levanta la vista y contémplalo en todo Su esplendor y gloria. Sorpréndete otra vez ante Su bondad, Su poder y Su santidad. Cuanto más claramente veas, más te sentirás humillado y reverente frente a Él.

Él ha preparado un camino en el desierto que te llevará hacia tu destino. Y mientras te acercas a él, mientras comienzas a vivirlo, te mirarás y verás una persona más completa de la que trajiste contigo de Egipto. Más cimentada. Más agradecida. Menos insistente. Menos exigente. Más paciente. Más confiada en Su soberanía que abarca todo aspecto.

Más completamente suyo.

El destino

Por tanto, nosotros también, teniendo en derredor nuestro tan grande nube de testigos, despojémonos de todo peso y del pecado que nos asedia, y corramos con paciencia la carrera que tenemos por delante, puestos los ojos en Jesús, el autor y consumador de la fe, el cual por el gozo puesto delante de él sufrió la cruz, menospreciando el oprobio, y se sentó a la diestra del trono de Dios.

HEBREOS 12:1-2

CAPÍTULO 12

Vientos de cambio

LA VELOCIDAD CRUCERO PROMEDIO DE un avión en 1940 era de alrededor de 300 km/h. Por lo tanto, cuando las compañías aeroespaciales comenzaron a hacer pequeños ajustes en sus diseños, con la esperanza de lograr velocidades mayores, parecía una locura considerar la construcción de un jet que pudiera alcanzar la velocidad del sonido: 1225 km/h. Sin embargo, esto se convirtió en la meta imposible. Y mediante el diseño de un avión que se parecía más a un cohete que a una aeronave y aprovechando a un joven aviador que era más temerario que otra cosa, el sueño de romper la barrera del sonido se hizo realidad el 14 de octubre de 1947, cuando Chuck Yeager voló a velocidades supersónicas durante casi 20 segundos.

Nunca hubiera bastado con *pensar* en volar más rápido de lo que el ser humano ya había alcanzado, ni tampoco con dibujar planos y hacer cálculos. La única manera de romper esta barrera desconocida e inexplorada era que alguien estuviera dispuesto a subirse a la cabina de mando, encendiera los motores y saliera a toda velocidad, con todo el valor y la determinación que una persona puede reunir. ¡Esa es la diferencia entre una vida que se va a la bancarrota y la que experimenta un boom!

Es probable que sepas que cuando un avión jet vuela más rápido que la velocidad del sonido, genera un fuerte ruido explosivo que puede oírse kilómetros a la redonda. Lo que no es tan sabido es que a ciertas altitudes y en ciertas condiciones, también puede verse una nube blanca de condensación que rodea al avión cuando llega a la velocidad precisa. Así que, se trata de algo más que un suceso aeronáutico; es un acontecimiento que les permite a las personas participar en la experiencia. Pueden oírlo. Pueden verlo.

Esto es lo que sucede con los que rompen las barreras. Tal como Josué y Caleb en la antigüedad, y como Check Yeager en tiempos más modernos, no hay demasiados dispuestos a hacer las cosas de manera diferente para conquistar nuevas fronteras. Pero la tierra prometida está reservada para aquellos que tengan un «espíritu distinto» (Núm. 14:24, LBLA). Los «uno en un millón» son los únicos que pueden esperar ver diferentes resultados, los que pueden hacer que otros se sienten y vean.

El viaje a través del desierto y la salida a la tierra prometida —el viaje de la vida con Cristo— tiene que ver con romper barreras. Se trata de decidir ser alguien que va de lleno con Dios, a diferencia de la incontable cantidad de otros individuos que se sientan en su casa y observan cómo el destino les pasa por delante. En tanto que hay millones que viven en algún punto entre el pesimismo y lo común y corriente, esperando poco de sí mismos y menos de Dios, los «uno en un millón» se niegan a permitir que sus vidas estén definidas por limitaciones normales y rutinas mundanas. La mayoría deja que las barreras ganen. Unos pocos las traspasan.

¿Por qué no puedes ser uno de estos últimos?

Hemos pasado la mayor parte de nuestro tiempo juntos hablando de lo que se necesita para crecer personalmente en la intimidad con Dios, para perdernos dentro de Sus propósitos superiores para nuestras vidas, confiando en que, a través de sombras y tormentas, nos dará todo lo que necesitamos para vivir en fe y plenitud, más allá de nuestras circunstancias. Hemos visto cómo Dios libró a Su pueblo de Egipto, y nos hemos maravillado una vez más al ver cómo también nos liberó a nosotros del pecado y la rebelión, nos llevó a una relación consigo mismo a través de Jesucristo y nos dejó atónitos con una gracia demasiado hermosa como para poder resistirla. Lo hemos observado perfeccionar a los hijos de Israel a lo largo del tiempo que pasaron en el desierto, demostrándonos que Sus promesas permanecen fieles incluso cuando todo parece ir en dirección opuesta.

Así es, la liberación es lo que hace que este viaje sea posible. Y la fase de perfeccionamiento es lo que lo torna beneficioso. Sin embargo, la pregunta mayor que tenemos frente a nosotros ahora, como personas a quienes no sólo se nos ha prometido «vida», sino vida «en abundancia» —*tanto* leche *como* miel—, es si seguiremos todo el camino con Dios. Todo el camino hacia nuestro destino señalado y abundante.

Casi todos nosotros hemos experimentado Su guía en el desierto en contra de nuestros deseos y preferencias personales. Una vez que nuestro orgullo y nuestra veta independiente quedaron así expuestos, Dios se nos reveló no sólo como nuestra única roca y recurso, sino también como un Dios que tiene pasión por acercarnos a Él, que nos quiere cerca. ¿Lo seguiremos y dejaremos fuera a todos los demás, aun al tirano cuyo rostro se refleja en el espejo de nuestro baño? ¿Romperemos las barreras que nos impiden gustar y ver, conocerlo y experimentarlo? ¿Nos sentiremos completamente insatisfechos con ser personas que meramente tengan un lado religioso en sus vidas, que sonrían, estrechen manos y piensen que es probable que el banco de la iglesia sea suficiente para nosotros? ¿Permitiremos que la liberación y el perfeccionamiento cumplan el propósito que Dios les asignó de conducirnos al destino?

Luego de muchos años de debatirme entre esas preguntas, ahora puedo decirte con absoluta confianza en la gracia y el poder de Dios dónde me encuentro exactamente. Estoy decidida a ser una mujer que camine en el fruto del Espíritu que Él está cultivando en mí. Quiero ser alguien que escuche Su voz y espere oírla, que crea aquello que la mayoría sólo está dispuesta a preguntarse. Quiero ser quien esté pronta a anticipar Su posibilidad en mi imposibilidad. Quiero ser un imán, pero no uno que atraiga a la gente a Priscilla, sino que aproxime y haga descender la presencia del Espíritu Santo de maneras tan tangibles que Él sea visto en mí. Quiero estar dispuesta a que Sus dones operen en mi vida y a usarlos para la edificación de Su cuerpo. Quiero ser la «uno en un millón» de la cual otros digan: «Esta mujer tiene algo diferente. No es sólo cristiana de nombre. Es alguien que experimenta el poder de Dios a diario. Él es su vida. Puedes verlo en ella».

Lo quiero todo. Y todo para Su gloria.

¿Qué me dices de ti? ¿Y qué estás esperando? Este es el momento de hacer una movida. Por cierto, lo fue para el antiguo Israel y también lo es para nosotros. Luego de once meses de acampar en el punto más lejano a Canaán, luego de oír la voz de Dios y de verlo descender sobre la montaña, luego de recibir la ley y de entrar en el pacto, el Señor consideró que el pueblo estaba listo para recomenzar su peregrinaje hacia la tierra prometida. Luego de invitarlos para que lo experimentaran en el desierto, ahora tenía preparado algo más. Les dijo a los hijos de Israel: «Habéis estado bastante tiempo en este monte» (Deut. 1:6). Y cuando Dios ha logrado lo que se ha propuesto para esta etapa de la vida, nos dice lo mismo a nosotros. Lo que hagamos en ese momento nos dirá si hemos decidido que ya tuvimos suficiente o si, por fin, romperemos las barreras, esas que nos mantienen detenidos fuera de nuestro destino, tal vez durante toda la vida.

El viento está cambiando.

Es hora de levantar campamento.

«Volveos; partid e id a la región montañosa de los amorreos, y a todos sus vecinos, en el Arabá, en la región montañosa, en el valle, en el

Neguev, y por la costa del mar, la tierra de los cananeos y el Líbano, hasta el gran río, el río Éufrates» (Deut. 1:7, LBLA).

«Volveos; partid e id». Todos verbos de acción. Todos requerían una respuesta deliberada de quienes los escuchaban. No era fácil darle la espalda a once meses de vivir en la atemorizadora pero atractiva presencia de Dios en Sinaí. No, no era Egipto. Pero tampoco era la tierra prometida. Sin embargo, había sido su mundo durante casi todo un año. Se había convertido en su nueva normalidad. No obstante, para llegar a Canaán sería necesario estar dispuesto a levantar campamento, dejar sus actividades habituales, trazar un nuevo plan y dirigirse hacia el nuevo destino. La llegada a Canaán estaba reservada para aquellos dispuestos a hacer cambios. Dios los estaba llamando una vez más a lo desconocido, y los estaba preparando para enfrentarlo al decirles que pensaran con seriedad los próximos pasos a seguir. Para dirigirse a Canaán sería necesario que se comprometieran en mente, cuerpo y espíritu con una nueva empresa. Ahora debían comenzar a calcular la transición entre el perfeccionamiento y el destino.

En cada una de nuestras caminatas con Dios, llega un momento en que el tiempo de acampar al pie del Sinaí termina, cuando nos vemos obligados a tomar lo que hemos recogido al estar cerca de Él y comenzar a avanzar. Aunque las circunstancias del desierto tienen la cualidad exclusiva de quitarnos las distracciones y concentrar nuestra atención en la fidelidad, el amor y la gloria de Dios —y aunque el Señor usa estas situaciones para ayudarnos a aprender a caminar una vez más en la relación que Él desea—, debemos responder al movimiento de Su Espíritu cuando nos empuja suavemente hacia el siguiente lugar en nuestro viaje.

Volveos. Partid. Id. Levantar campamento, como así también las barreras restantes.

Entonces, la pregunta es: ¿Vienes? ¿Estás preparado para salir de tus lugares confortables, o tal vez de cierto pecado o distracción espiritual, para dirigirte hacia el lugar donde Dios quiere llevarte? ¿Has calculado cómo piensas dirigirte hacia un nuevo rumbo mediante un plan de acción que te ayude a pasar de un lado al otro? ¿No sólo estas dispuesto a ir donde Él te guíe, sino también a ser responsable de completar el viaje?

Dios te llama. Vuélvete, parte, ve.

La madre de todos los cambios

Como ya dije, la maternidad ha sido algo que Dios ha usado para producir los cambios físicos y emocionales más drásticos en mi vida hasta el día de hoy. Cuando llegó mi primer hijo, me equivoqué al pensar que podía continuar como siempre y, aun así, ser la clase de madre que él necesitaba. Sin embargo, rápidamente me di cuenta de que era imposible. El programa libre como el viento al cual estaba acostumbrada, como así también el método sumamente flexible que había escogido para organizar y manejar nuestro hogar, se volvieron inadecuados para hacerle frente a los nuevos desafíos. Ahora, esto era bastante evidente. Mi amor por la espontaneidad fue víctima de un esquema de siestas y alimentaciones que dejaban poco espacio para el cambio y la variedad. Además, la habitual falta de atención que tengo hacia los detalles, que básicamente se había convertido en mi forma normal de andar por la vida, ahora me hacía gastar más tiempo en las tareas de rutina que en la atención de mi bebé. Me entristece admitir que, luego de seis meses, gran parte de mi alegría y de mi entusiasmo habían quedado reemplazados por una abrumadora mezcla de fatiga y frustración.

Cuán bien recuerdo una tarde en particular cuando llegué a casa luego de hacer diligencias, fui a la computadora y encontré un mensaje electrónico que demostró ser la palabra de Dios para mí aquel día. Como una suave patadita por detrás, este mensaje de una querida mujer con años en la fe me comunicó algo que temía, pero que necesitaba desesperadamente oír. Sugirió que las dificultades que estaba experimentando como nueva madre realmente tenían poco que ver con la maternidad. El objetivo de alcanzar una maternidad exitosa y sensata no era más que el laboratorio donde Dios me estaba enseñando a cambiar de un modo de vida a otro. Como madre primeriza, estaba recibiendo el entrenamiento para responder a Su dirección y así poder estar preparada para responder ante cualquier camino por el cual Su Espíritu me condujera, cuando y como fuera.

En cierto sentido, yo trataba de mantener las cosas tal como estaban, conservando mis conductas habituales. Pero eso no daría resultado. No ahora. Lo que había hecho servía donde solía estar, pero ir a este nuevo lugar con el Señor —el lugar que Él quería que siguiera— demandaba que tomara la decisión deliberada de actuar según las nuevas metas que Él había puesto delante de mí. Y si no me decidía a cooperar con lo que me estaba pidiendo en el presente, nunca me libraría del ciclo descendente de insatisfacción que estaba atravesando.

Por cierto, la maternidad es una experiencia feliz, pero no para aquellas que se niegan a «volverse, partir e ir» dentro de un nuevo conjunto de parámetros. Mi personalidad tiene aversión al cambio. Me gusta que las cosas sigan tal como siempre. Por lo tanto, con respecto a la transición hacia la maternidad, lo más difícil para mí fue dar un vuelco, «volverme» de una forma de vivir a otra. En tanto me rebelaba contra lo que esta nueva etapa de la vida requería, me encontraba agitada e incapaz de relajarme en el viaje que Dios tenía para mí. Pero luego de tomar la decisión de «volverme», la parte de la ecuación «partir» e «ir» —trazar un plan de acción y seguirlo— fue, al menos, posible de hacer.

La maternidad me enseñó una lección que también se aplicó a mi vida espiritual. Los dones de Dios requieren modificaciones en el estilo de vida si deseamos ser capaces de manejar, disfrutar y apreciar cabalmente lo que Él está haciendo en nuestras vidas.

¿En qué situación te encuentras en este momento que requiera un «vuelco» para poder abrazar la voluntad de Dios para tu vida? ¿Qué clase de cambios te pide? ¿Y qué esperas que suceda si continúas resistiendo esta nueva dirección por cualquier motivo: inconveniencia, temor a lo desconocido, aversión a toda la situación?

Pablo habla de cómo debemos correr «de tal modo», no sólo para *sobrevivir* a la carrera, sino también con el propósito y la persistencia de correr «de tal modo que ganéis» (1 Cor. 9:24, LBLA). Y el escritor de Hebreos nos da instrucciones específicas de cómo hacerlo (Heb. 12:1-2):

- Volveos: «… despojémonos también de todo peso y del pecado que tan fácilmente nos envuelve…» (LBLA)
- Partid: «… puestos los ojos en Jesús, el autor y consumador de la fe» (LBLA)
- Id: «… y corramos con paciencia la carrera que tenemos por delante» (LBLA)

Dios trasladaba a Israel de un lugar al siguiente y se preparaba para ponerlos en posición donde su destino deseado estaría claramente al alcance. Pero para ir donde Dios los estaba guiando, se les dijo que se pusieran en acción, que hicieran las cosas de manera diferente a como lo habían hecho hasta ahora. Se esperaba que creyeran que aquello que debían conquistar por orden de Él valía cada sacrificio que hicieran. Se les estaba indicando que marcharan con osadía lejos de la seguridad, para entrar en una nueva fase en su marcha detrás de Él. La ruptura de barreras dependía de ello.

¿Tal vez es aquí donde Dios te tiene hoy? ¿Y estás dispuesto a dar el siguiente paso? ¿Deliberadamente? ¿Sea lo que sea?

Nuevas maneras de hacer las cosas

Hace varios años, me encontré en esta misma clase de lugar respecto a nuestro ministerio. Parecía que Dios nos estaba llevando a una nueva dimensión de servicio, que requeriría que adaptáramos los métodos y los procedimientos que habían sido efectivos hasta ahora, pero que no serían suficientes para acomodarse a los planes que Dios nos estaba mostrando para un futuro cercano. Dios nos pedía que tuviéramos mayor confianza en Él en muchas áreas, que dependiéramos más de Él y que anticipáramos Su actividad con mejor disposición.

Parecía deseoso de enseñarme una lección espiritual en nuestro primer evento ministerial de aquel año. Me puso frente a un grupo de mujeres que normalmente no me hubieran invitado para hablar. Había aceptado la invitación porque creía que era parte de lo que Dios estaba haciendo en mi vida, pero sin duda alguna, esto se encontraba fuera de mi zona de comodidad. No tengo problema en admitir que estaba mucho más nerviosa de lo habitual por todo este asunto.

Y Dios no ayudaba a que las cosas fueran un poco mejores, ya que justo antes de hablar, comencé a sentir ese tironeo de la convicción del Espíritu Santo que se produce en casi todos los corazones de los maestros en algún momento u otro: la inclinación persuasiva de que necesitaba cambiar mi mensaje por algo que no había preparado.

Gran decisión. Gran riesgo. Gran momento para escudriñar el alma.

Parecía que Dios me guiaba a hablar sobre la mujer que fue encontrada en adulterio en Juan 8 y la gracia que Jesús le extendió. Por supuesto, conocía bien el pasaje. Conocía los principios generales que había oído predicar y enseñar sobre este texto del Nuevo Testamento; pero no tenía ningún bosquejo listo para presentar una charla coherente al respecto. A desgano, seguí la guía de Dios y luego de dar el mensaje, estaba bastante segura de que había arruinado toda la noche.

Buen intento de ser espiritual.

A la semana siguiente, recibí la carta de una mujer que había asistido aquella noche. En su nota, me decía que el día antes del evento en particular, el sucio secretito que había tratado por todos los medios de acallar —una relación amorosa ilícita— había salido a la luz. La amenaza de perder al que había sido su esposo durante 20 años y a sus tres hijos, ahora era muy posible como resultado de este descubrimiento.

No había planeado ir a la conferencia; pero al encontrarse en un estado emocional confuso de remordimiento y desesperación, había cambiado de opinión y decidido asistir. Tal vez esto la ayudaría a estar en condiciones de resolver algunas cosas; si no, al menos le evitaría tener que pasar el fin de semana sola. Pero cuando el Espíritu Santo comenzó a alcanzarla a través del mensaje que me había inspirado a dar, supo que Dios le estaba hablando directamente al corazón. Mientras hablaba de la gracia que Jesús le extendió a la mujer en Juan 8, sintió que Su gracia se derramaba sobre ella.

Mientras leía la carta, sentí escalofríos. No pude hacer otra cosa más que dejarla sobre la mesa de la cocina, hundir la cabeza entre las manos y llorar. Una vez más, me di cuenta de que seguir a Dios suele ser el ejercicio de dejarse llevar hacia un territorio incómodo y sin planos. Pero cuando seguimos los vientos de Su Espíritu con el deseo de hacer lo que nos diga en esta nueva etapa de servicio, Él nos lleva a lugares donde nunca hemos estado y logra resultados en y a través de nosotros que nunca hubiéramos podido anticipar. Dejar de seguir al Señor debido al temor y la resistencia es perdernos las glorias de la vida abundante.

Siempre conectados

Momentos como estos, cuando Dios nos prepara para avanzar en el próximo tramo de nuestro viaje, nos recuerdan por qué Sinaí es tan importante. La experiencia de intimidad con Dios a que Él nos invita en nuestros momentos más oscuros, secos y polvorientos no es un suceso aislado. No es que debamos seguir adelante con el mero recuerdo de lo que fue estar allí, cuando Dios se acercó en nuestro dolor y quebrantamiento, y restableció la relación. Al igual que los hebreos que salieron de Sinaí, no marcharemos simplemente hacia adelante, sino que marcharemos hacia adelante con *Dios*. No debemos dejar atrás Su presencia en la montaña. Si pensamos que podemos seguir adelante sin mantener nuestra continua conexión con Él, nos encontraremos perdidos y sin aliento antes de darnos cuenta. La comunión y la fe que cosechamos en el monte de Dios tienen por objeto librarnos de perder el equilibrio cuando comiencen a aparecer las nuevas posibilidades (como también los nuevos obstáculos) de entrar a nuestro destino.

Al enfrentarnos con esta nueva dirección a tomar, si marchamos hacia adelante en nuestra propia fuerza, corremos el mismo riesgo de fracasar que si nos retraemos y dejamos pasar la oportunidad. Cuando sentimos que Dios se mueve, cuando sospechamos que nos llama a una nueva fase de la vida, no se trata simplemente de algo con lo que «debemos empezar de una buena vez». Si permitimos que nuestra intimidad con Dios disminuya y quede reducida a meros detalles y listas de cosas para hacer —si nos concentramos más en el «volverse, partir e ir» que en Aquel que nos está llamando— pronto nos encontraremos solos, marchando delante de Dios.

Se supone que el banco de la iglesia debe guiarnos a una experiencia diaria. Los momentos especiales con Dios no tienen el propósito de darnos el combustible para que andemos solos hasta que volvamos a conectarnos con Él cuando sintamos la necesidad de detenernos y de cargar el tanque. La intimidad con Dios es como llevar nuestra fuente de energía con nosotros en todo momento, continuamente repleta, sin que falte nada de lo que en realidad necesitamos. Se parece a una batería que mi esposo le coloca a su iPhone y que le da horas y horas extra de vida sin tener que enchufarlo o recargarlo. Mucho después de que mi teléfono se ha quedado sin batería, el de Jerry sigue andando, siempre cargado y listo para usar.

Conclusión: permanecer cerca de Dios —tal como estábamos cuando nos salió al encuentro en el punto más bajo en nuestro Sinaí— debe seguir siendo una prioridad si esperamos continuar experimentando más de Él. El excedente de ayer no sirve para la vida abundante de hoy; se reaviva con la provisión constante.

Esto quiere decir que la vida en la tierra prometida se encuentra al alcance de la mano si la quieres y si estás dispuesto a recibirla según los términos de Dios. La invitación a levantar campamento y dirigirse hacia la vida abundante no es sólo para el personal pago. No es sólo para los que han salido del seminario. No es sólo para aquellos que parecen saber siempre qué hacer cuando se trata de cuestiones espirituales. El llamado, la provisión y el plan de Dios son para todos los que tienen a Jesucristo como Salvador y Señor.

Las palabras que Moisés habló al comienzo de Deuteronomio 1 eran para «todo Israel» (v. 1). Es una expresión que se usa más de una docena de veces a lo largo de este libro de la Biblia. El llamado era a toda persona de la nación. No señalaba sólo a los sacerdotes levitas ni a unas pocas tribus favoritas de Dios. Toda persona, de todas las divisiones de la nación, desde la más pequeña hasta la más grande, fue invitada a alcanzar su destino. La verdadera invitación de Dios a experimentar la leche y la miel de Canaán no está dirigida a unos pocos selectos, sino a todos los que han sido librados del yugo de esclavitud de Egipto. Cualquiera que sean tus deficiencias pasadas e incluso presentes, la oportunidad de avanzar con Dios, caminando en el mismo sentido que Su Espíritu, se te ofrece tanto a ti como a cualquiera que esté dispuesto a volverse, a partir y a ir por Su camino.

Ni por asomo puedo contarte la cantidad de veces que he sentido que las promesas de Dios no eran para mí. Siempre supuse que aquellos a quienes veía andar con Dios de maneras evidentes —aquellos que experimentaban Su presencia y poder, que veían Su actividad y oían Su voz, que caminaban en el Espíritu, y ejercían Sus frutos y dones con osada confianza y en forma constante— no habían hecho algunas de las cosas que yo había hecho. Pensaba que habían aprovechado mejor la gracia de Dios en sus vidas, a diferencia de mí, que había desperdiciado con testaruda rebelión y resistencia mucho de lo que Él había invertido en mi vida.

Pero piensa en lo que conoces de Israel, tan sólo durante el tiempo desde que salieron de Egipto. La ira de Yahvéh se había encendido más de una vez debido a sus decisiones pobres y a la respuesta contumaz a Su actividad en sus vidas. Sin embargo, aquí estaban, saliendo de Sinaí como un pueblo, escogidos y unificados por el soberano amor de Dios, todos como receptores iguales del pacto que Él había hecho con ellos en el monte. Así es, se requería su obediencia si esperaban disfrutar de la vida en la tierra prometida en todo su esplendor. Pero la invitación a venir y caminar estaba sobre la mesa para todos.

Su gracia elimina la máxima barrera.

Sin embargo, para que nosotros abracemos esta oportunidad y la hagamos nuestra, Él nos llama a participar consigo en esta experiencia de vida abundante a través de una deliberada decisión de «volvernos, partir e ir». El Señor ha hecho todo lo necesario para que confiemos en Él. Ha demostrado Su fidelidad, Su perseverancia, Su deseo sobrenatural de procurar la intimidad con hombres y mujeres mortales. No falta nada, tan sólo aquello que Él sabe que es mejor para nosotros: que aceptemos por completo las bendiciones que ha prometido al enganchar nuestro vagón al suyo y marchar hacia Su destino lleno de gracia.

Entonces, ¿por qué permanecer atascados detrás de las barricadas? ¿Por qué abandonar la leche y la miel conformándonos con un menú mucho menos sabroso y que satisface menos? Ya has estado aquí «demasiado tiempo». No corras ni te encierres en tu carpa cuando Dios te ha dicho que levantes campamento. Ponte de camino a Canaán. Bienvenido a los vientos de cambio.

¿No sabéis que los que corren en el estadio, todos a la verdad corren, pero uno solo se lleva el premio? Corred de tal manera que lo obtengáis.

1 CORINTIOS 9:24

CAPÍTULO 13

Un oasis de autocomplacencia

NO PODRÁS CREER ESTO.

Los hebreos llegaron al borde de Canaán alrededor de 15 a 18 meses después de haber dejado Egipto.

Así es, oíste bien. Las Escrituras nos dicen que «once jornadas hay desde Horeb, camino del monte de Seir, hasta Cades-barnea» (Deut. 1:2). Once días. Eso quiere decir que, luego de levantar campamento en Sinaí, donde habían pasado casi un año, a los hebreos les llevó menos de dos semanas llegar al punto de entrada al borde sur de Canaán.

Grábate esto en la mente, porque es una de las informaciones más pasadas por alto o mal calculadas en toda esta era de la historia de Israel. En términos relativos, no había pasado tanto tiempo entre los sucesos del éxodo hasta este momento en que Dios puso a Su pueblo al borde de la tierra prometida, en Cades-barnea. No más de un año y medio.

Pero si piensas que *esta* pequeña trivia bíblica es sorprendente, prepárate para lo más desconcertante. Fue aquí —dentro de una órbita bastante reducida, y en círculo alrededor de Cades-barnea y la región aledaña, el desierto de Parán— donde los hijos de Israel vagarían ¡durante los *siguientes 39 años*!

A diferencia de lo que la mayoría tiende a pensar, sus vueltas por el desierto no los llevaron por todo el lugar. La Biblia dice que estuvieron *justo allí* todo el tiempo, a un paso de entrar a toda marcha a la tierra de la leche y la miel, armados con la seguridad acorazada de las promesas confiables de Dios. En cambio, fueron la prueba precisa de la verdad espiritual que vimos antes: la barrera para vivir en la tierra prometida no es el desierto, sino *vagar* por él.

Y a ellos les llevó casi 40 años darse cuenta.

¿Por qué alguien habría de conformarse con dar vueltas en círculo cuando la leche y la miel estaban al alcance de la mano?

Tal vez, Cades-barnea no era un mal lugar para vivir. Resulta ser que el borde de la tierra prometida es un bonito lugar para dar vueltas. Cades-barnea era un oasis, y algunas regiones cercanas al este del Jordán eran lujosas y confortables. Se beneficiaban de la tierra rica en nutrientes y del saludable paisaje, propio de la cercanía a la abundancia agrícola de Canaán. Ubicado justo a las afueras de una tierra de plenitud sin paralelo, este lugar poseía suficiente agua potable y condiciones confortables de vida como para convertirlo en un sitio donde resultaba fácil establecerse y quedarse. Parecía que dar vueltas alrededor de un oasis era mejor que tomar un camino directo a la potencial abundancia. Supongo que era la vieja mentalidad de «más vale pájaro en mano». Tan cerca, y sin embargo, tan lejos.

No sé cómo describir cuánto me angustia esto; en gran parte, porque muchas veces me ha descrito a mí. Muchos creyentes continúan copiando las acciones exhibidas por los hebreos. Dios les ha concedido un poco de victoria y un oasis para refrescarse, y ellos se acomodan, se conforman en los límites de la vida abundante y sienten que han recibido todo lo que realmente querían o necesitaban de Él. Se sienten muy bien con el estado actual de las cosas, sin creer o siquiera desear más de lo que viene como consecuencia de vestirse cada mañana. En realidad, si fueran absolutamente sinceros, dirían que piensan que quienes se aventuran osadamente con Dios llevan esto de la fe un poco demasiado lejos, al punto de ser tontos. Francamente, se sentirían un poquito incómodos si actuaran de esa manera.

Entonces, dales Cades-barnea —una buena conferencia, un libro cristiano, música espiritual, un buen año en la iglesia, un buen año de vida cristiana victoriosa o simplemente un buen día— y parece que eso basta. Antes de que te des cuenta, se han establecido dando por terminado el largo viaje. El deseo de recibir más se va en un abrir y cerrar de ojos. El alojamiento en el oasis les viene bien igual. Hasta es probable que se fijen en las tarifas por una estadía más larga, un mes, un año. Existen toda clase de paquetes como estos para escoger en el oasis de la autocomplacencia.

Seamos sinceros. ¿Es aquí donde te encuentras ahora en tu viaje con Dios? ¿Tal vez? ¿No estás seguro? Lo cierto es que todos hemos estado allí, y no es tan difícil saber cuándo nos encontramos en este lugar. Aquí aparecen algunas cosas que pueden indicar que te has puesto cómodo al este del Jordán.

Es probable que estés en el oasis de autocomplacencia si la tierra prometida comienza a parecerte demasiado arriesgada, si has decidido que en realidad no vale la pena lo que cuesta pasar al siguiente nivel con Dios. Estoy segura de que recuerdas que anteriormente hablamos sobre la necesidad de dejar atrás los lugares donde reina el enemigo. Bueno, él reina en el oasis de la autocomplacencia. Detesta ver que un cristiano entra en un nuevo territorio con Dios. Intentará todo lo que se le ocurra para disminuirte el deseo de seguir adelante. Y hay pocas artimañas de estas que den más resultado que el disfraz de la autocomplacencia. Él hace que la aventura de descubrir nuevos niveles en Dios parezca demasiado arriesgada y que tu entorno habitual, aburrido y carente de imaginación se vea extrañamente espectacular. Aquí es donde te quiere. Estáncate aquí. Y cuando quedamos librados a los deseos de nuestra carne, nos sentimos cómodos al dejar que el enemigo nos seduzca a permanecer como estamos.

En realidad, dos tribus y media de Israel conocieron de primera mano la situación. El área transjordánica, cerca del oasis de Cades, era famosa por sus ricas y extensas pasturas. Atrajo a Rubén, a Gad y a la mitad de la tribu de Manasés. Estas tribus habían sido increíblemente bendecidas con grandes rebaños y manadas, así que, la afelpada vegetación y el rico lugar de pastoreo de la tierra al este de Canaán eran especialmente atractivos. Presentaron un pedido especial para poder quedarse a este lado del río Jordán, en un intento por escapar de la arriesgada guerra que se produciría con seguridad una vez que pusieran los pies en la orilla oeste (Núm. 32). Al borde de la abundancia, eligieron quedarse permanentemente al lado este del río. Prefirieron no entrar en la tierra prometida, encantados con el atractivo gratificante de esta área. Quedaron satisfechos al borde de la plenitud, en las afueras, mirando todo lo que Dios tenía para ofrecer.

¿Te has conformado con menos que la plenitud que Dios te ofrece? ¿Te has autocomplacido con lo *bueno* cuando lo *mejor* está a la vuelta de la próxima esquina? ¿No estás dispuesto a alejarte de algunas cosas a las que te has acostumbrado, cosas que aparentemente son más valiosas para ti que la experiencia de estar íntimamente relacionado con Dios día a día, hora tras hora? Si es así, has entrado a vagar por Cades-barnea. Y es probable que no quieras irte.

Es probable que te encuentres en el oasis de la autocomplacencia si has comenzado a pensar que ya llegaste y que no se requiere nada más de ti a esta altura de la vida. Básicamente, has dejado de sentir apetito por algo nuevo; has llegado a la conclusión de que tu experiencia actual con Dios probablemente sea lo máximo a que puedes llegar.

La conquista completa de la tierra prometida no tuvo lugar al segundo después de que los israelitas pisaron el suelo de Canaán. El territorio que se llegó a conquistar y a poseer en el tiempo de Josué fue mucho menor de lo que se le había prometido a Israel. Incluso en la época de David y Salomón, cuando la tierra alcanzó su mayor extensión, nunca llegaron a controlar por completo los distritos adyacentes. ¿Algún día la nación de Israel llegará a poseer por completo la tierra? Los profetas han declarado que cuando Cristo regrese a la tierra, reunirá a los judíos y comenzará a reinar en la tierra sobre un Israel convertido y redimido. La posesión completa de la tierra aguarda ese día (ver Jer. 16:14–16; Amós 9:11–15; Zac. 8:4-8) [17]. Así que, en el relato bíblico, siempre había más terreno que cubrir, más territorio que atravesar. Nunca «llegaban». Tenían que seguir avanzando.

¿Qué significa esto para nosotros? Nuestro viaje hacia la completa conquista de la vida abundante nunca será un hecho terminado. Como creyentes que queremos reclamar lo que nos pertenece por derecho, debemos tomar la decisión de dar pasos de fe por el poder del Espíritu, cada día, durante el resto de nuestra vida. Siempre hay territorio nuevo en Dios para cubrir. Este viaje es un compromiso para toda la vida.

Por lo tanto, si has decidido que no necesitas ir más lejos —ya sea por el orgullo en tus logros personales o simplemente por la pérdida del apetito espiritual—, has armado tu tienda cerca de la tierra prometida. Y existen grandes probabilidades de que te conformes con hacer un picnic aquí durante largo, largo tiempo. Tal vez, toda tu vida.

Es probable que te encuentres en el oasis de la autocomplacencia si el enemigo ya no pone trabas a tu progreso de manera llamativa. Mientras los hijos de Israel estuvieron al otro lado del río Jordán, los habitantes de Jericó o de Hai no los molestaron. Pero cuando por fin se atrevieron a entrar en Canaán, no pasó mucho tiempo antes de que se encontraran con su primer gran desafío frente al enemigo. Cuando la batalla contra la tentación ya no tenga mucho de batalla, cuando dejes de dedicarle tiempo a la lucha espiritual que solía parecer una necesidad constante en tu vida, si el diablo no te molesta incesantemente, sabrás que no te encuentras en el medio de la tierra prometida. En Canaán, parece que el enemigo siempre anda siguiéndote el rastro. Tendrás que luchar contra él todo el día con la Palabra de Dios, con la mente en concordancia con el Espíritu, llevando todo pensamiento cautivo a la obediencia a Cristo. Puedes sentir que Satanás pelea contra tu familia, tus finanzas y todo lo que sucede a tu alrededor.

Nunca nadie dijo que acercarse a Canaán o vivir allí sería un paseo por el parque. Es necesario estar en guardia frente a los enemigos visibles y a los que están en el corazón. Cada día, cuando los hijos de Israel se preparaban para el descanso de la noche, Moisés pronunciaba estas palabras de advertencia como una oración y, a la vez, como un recordatorio de lo que debían esperar al otro lado: «Levántate, oh Señor! y sean dispersados tus enemigos, huyan de tu presencia los que te aborrecen» (Núm. 10:35, LBLA). Esto era lenguaje militar. Prontitud para la batalla. Él sabía bien —y trataba de ayudar al pueblo a ver— que todo progreso hacia la tierra prometida los haría enfrentarse a poderosos intentos de detener su avance.

Pero no es así cerca de los estanques de Cades-barnea. Por lo general, en la vida, en el oasis de la autocomplacencia, los ataques del enemigo son limitados, lo cual sería bueno si no limitara también el júbilo, el gozo, el propósito y la experiencia del poder sobrenatural de Dios.

No te conformes, amigo mío. Sé uno en un millón.

Deséalo. Arriésgate. Es así, por tanto, valóralo.

Vivir en la tierra prometida

Los creyentes radicales cuyas relaciones con Dios más me han impactado son aquellos que no están satisfechos con cualquier oasis a las afueras de Canaán, sin importar lo refrescante y temporalmente satisfactorio que pueda ser. Están dispuestos a ser uno en un millón, a creerle a Dios como la mayoría nunca se atrevería a hacerlo. Pienso en cierta amiga mía nueva que se ha enfrentado a un sufrimiento tras otro en su intrépido viaje hacia y a través de Canaán. Desafíos financieros. Problemas de salud. Un hijo en rehabilitación por drogas. Y sin embargo, el alcance de su fe en un Dios ilimitado le impide hundirse ya sea en la autocomplacencia o en la desesperación. He estado a su lado en oración y he visto, en más de una ocasión, cuando la casa de la familia estaba a un día de ser hipotecada. Una y otra vez, a través de la obra milagrosa de Dios, llegó suficiente dinero, se pidió una prórroga, los trámites burocráticos quedaron en la nada. Ella está experimentando la vida en la tierra prometida, con todos sus obstáculos y desafíos, y no la cambiaría ni por un fin de semana fuera de los límites de la bendición de Dios, allí en Cades-barnea.

Pienso en otra amiga cercana cuya vida parece estar llena de pena tras pena. Luego de años de orar para que Dios le permitiera dejar su trabajo a tiempo completo con el que pagaba las cuentas, para llegar a casa y pasar más tiempo criando a su hija, finalmente, todo se arregló. Qué alivio y bendición era haber sido liberada de esta época de su vida, de no tener que estar más separada de aquello que se sentía llamada a hacer. Pero casi inmediatamente después de cambiar la rutina diaria de su lugar de trabajo a ama de casa a tiempo completo, le diagnosticaron artritis reumatoidea. El dolor y el agotamiento desafiaron seriamente su capacidad para aprovechar al máximo lo que tanto tiempo había anhelado. A poco de recibir esta noticia, enfrentó otro gran revés cuando su esposo admitió estar relacionado sexualmente con otra mujer. Se iba de casa y le daba la espalda a su matrimonio y a su familia.

Mentiría si dijera que no se preguntó —como todos lo hacemos— por qué parecía que a Dios le resultaba adecuado permitir que problemas grandes como estos persiguieran a una mujer tan encantadora y llena de fe. Se cansa de ceñirse para la batalla cada día. Pero puedo decir que se encuentra entre la minoría que le mira los dientes al dolor y a la pérdida, y exclama que no se dejará abrumar por el tamaño ni el número del enemigo. Su sensación de paz, de gozo y de fortaleza revela que, a pesar de la dificultad, es una habitante de la tierra prometida. A pesar de sus circunstancias difíciles, todavía tiene una absoluta confianza en su Maestro, en que Él la cuidará y la guiará segura hacia el destino que tiene para ella. La fe que se ha construido en ella en los mares Rojos y las Maras de la vida, así como la intimidad que Dios ha establecido con ella en Sinaí, han mantenido en la más alta prioridad su relación con Él, sin importar lo temprano que deba levantarse por la mañana o cuánto más lógico pareciera intentar otro camino. Aun cuando las circunstancias se empeoran, la he oído decirme: «Todavía espero y anticipo que Dios puede hacer un milagro. Creo que todo esto ha sucedido por algo mayor de lo que jamás haya podido imaginarme».

Vivir en la tierra prometida. Así son las cosas. No hay sillas reclinables. No andamos despreocupados. No, es inmensamente superior a eso. La vida en la tierra prometida es poder, confianza, resistencia y gratitud. Es crecimiento del fruto espiritual en la punta de los dedos; una osadía que nada puede conmoverla, aun cuando haya un terremoto que se traga todo a tu alrededor. No importa el nivel del ruido ni su magnitud. Es perdón, libertad, absoluta expectativa. Es ceñirse la armadura y desafiar a cualquier demonio del infierno que trate de derrotar lo que Dios está logrando en ti. La vida en la tierra prometida es tanto ruidosa como silenciosa, exigente como tranquila; es todo lo que necesitas que sea. Está aquí. Es ahora. ¡Y cómo! *¡Vaya!* No hay comparación. No hay quejas. Por favor, no más autocomplacencia.

¡Oh, cuánto anhelo ser como estas queridas hermanas —y como otros, aunque sean pocos y difíciles de encontrar— que están dispuestas a ir contra el mundo, y algunas veces, aun en contra de algunos cristianos! Aunque la mayoría decide manejar sus disciplinas espirituales con indiferencia, tan sólo como deberes, esas mujeres corren hacia los brazos de Dios y allí se abandonan por completo. En tanto que la mayoría permanece seguro en las zonas de comodidad del cristianismo, estas mujeres deciden asumir riesgos y, si fuera necesario, quedarse solas.

Son la minoría. Y no tienen problema de serlo. Si la alternativa es Cadesbarnea, que los demás se queden allí si quieren.

Portadores de racimos

Entonces, ¿cómo comenzó todo este asunto de dar vueltas alrededor del oasis de la autocomplacencia?

Gracias por preguntar.

Cades-barnea estaba situado en el extremo norte del desierto de Parán, el lugar donde encontramos a Moisés con los hijos de Israel al comienzo de Números 13. En cuanto llegaron, poco menos de un año después del principio de su viaje, Dios le ordenó a Moisés que enviara espías para que cruzaran a Canaán y trajeran una muestra de la tierra, de la que había dicho: «la cual yo doy a los hijos de Israel» (v. 2). A mí me parece que esto ya era un trato hecho. Esa era la misión: ir y traer una muestra inicial de la abundancia que se les había prometido y también provisto.

Pero a partir del versículo 17, las instrucciones de Moisés a los espías parecen presentar la posibilidad de que si la tierra parecía impenetrable, él dudaría en lanzar un asalto inmediato. Moisés y el pueblo vieron esta misión como un medio para determinar si entraban a la tierra o no, en lugar de un sencillo medio de planear la mejor manera de cumplir con lo que Dios les había dicho que hicieran. Por lo tanto, era de esperar que cuando el grupo regresó dando un informe mixto, ellos lo tomaron como razón suficiente para replegarse, renunciar y darle a estas promesas radicales de Dios un poquito más de tiempo para pensarlas y analizarlas con tranquilidad.

> «También les contaron: "Nosotros llegamos a la tierra a la cual nos enviaste, la que ciertamente fluye leche y miel; estos son sus frutos. Pero el pueblo que habita aquella tierra es fuerte, y las ciudades muy grandes y fortificadas; también vimos allí a los hijos de Anac. Amalec habita el Neguev; el heteo, el jebuseo y el amorreo habitan en el monte; el cananeo habita junto al mar y a la ribera del Jordán"» (Núm. 13:27-29, RVA95).

¡Ay! No esperaban esto.

Era cierto que habían encontrado algunos especímenes asombrosos de la abundancia que Canaán podía producir, en particular en el valle de Escol —palabra que significa «racimo»— donde un solo racimo de uvas tomado de las viñas que allí había era tan gordito y suculento que debían llevarlo en un palo entre dos hombres. Eso es mucha fruta, sin mencionar las granadas, los higos y otras cosas que encontraron que crecían profusamente.

Estos hombres, cada uno de ellos líderes de sus respectivas tribus (ver v. 2), llevaban en sus manos la prueba visible tanto de la bondad como de la confiabilidad de Dios. Lo que les había dicho en Egipto había resultado ser 100% cierto: Sin duda, la tierra «fluía leche y miel». Lo admitieron. Sin embargo…

«Pero».

Si hubo una sola palabra que condenó a esta generación del pueblo de Dios y lo privó de experimentar la tierra prometida fue esta: «pero». Habían oído con sus propios oídos las garantías de Dios. Habían visto y por cierto gustado el racimo de fruta que verificaba ampliamente, más allá de sus más alocados sueños, lo preciso que había sido Dios cuando les había descrito la tierra. Se habían sentado en el proverbial banco en Sinaí y deleitado en Su gloria, habían oído Su voz, habían visto Su poder descender de lo alto, tal como lo hace cuando nos sentamos en nuestras iglesias domingo tras domingo. Sin embargo…

«Pero».

Esta fue la palabra que convirtió una excursión de 40 días en una sentencia de muerte autoimpuesta de 40 años. La gente vio, pero prefirió no creer. Llamémoslo por su nombre. Escogieron el oasis de la autocomplacencia. Prefirieron quedarse con menos de lo superior que Dios les ofrecía. Decidieron reconocer la derrota.

Decidieron mal.

Y sin embargo, con este «pero» todavía podemos cometer el mismo error que ellos. Con tanta facilidad podemos ser cómplices del mismo enfoque temeroso de la vida. No es difícil convertirse en un cristiano «pero».

Tal vez en este mismo momento, estés haciéndole frente a algunas cosas en tu matrimonio que son verdaderamente horribles y apabullantes. Has oído que Dios puede hacer cosas asombrosas en situaciones como estas, «pero» la tuya parece ir más allá de Sus posibilidades de reparación.

Tal vez tienes un hijo díscolo que ha decidido llevar un estilo de vida completamente diferente a como lo criaste y le enseñaste. Has oído que Dios puede traer al pródigo a casa, «pero» no esperas que eso suceda contigo y con tu hijo. Si la gente pudiera oír cómo habla tu hijo, si supieran las cosas que hace tu hija, se sentirían igual. *No* hay manera.

Tal vez los médicos han confirmado un mal diagnóstico en tu salud o en la de un ser querido. Has oído que Dios sana, que todavía puede realizar milagros a pesar de los informes funestos y de los informes negativos de las radiografías, «pero» ni siquiera te sientes inclinado a pedírselo. Te parece que esto no se aplica a tu situación.

El lugar del mundo donde es más fácil vivir es en el oasis de la autocomplacencia, cuya ciudad capital, sin duda, debe llamarse «Pero». Dios puede hacer cosas por otros. Puede obrar a través de la persona que está en el extremo del banco de la iglesia, esa que tiene tanto talento, personalidad, amigos y fe. Pero no es probable que obre a través de ti. Además, esos racimos de fruta que poseen no justifican el riesgo que hay que correr al enfrentar a todos esos hititas, jebuseos, amorreos y demás.

Yo he pensado y dicho cosas similares.

Tal vez lo que tú y yo necesitemos en este mismo momento para cambiar esa manera de pensar —para darle el puntapié inicial a nuestros planes para ir a la tierra prometida— sea sacar ese racimo de pruebas que hablan a las claras de la bondad de Dios. Experiencias personales. Cosas olvidadas. Aun cuando los últimos días hayan estado llenos de frustraciones y desilusiones, yo sé que puedes mirar atrás y encontrar evidencia de las promesas de Dios para ti. No una o dos. No un puñado pequeño que se mide en gramos, que se lleva fácilmente en la bolsa del supermercado. Lo que Dios da, lo da en racimos. Y si somos inteligentes, tendremos una lista de estos racimos en nuestras Biblias o diarios personales, donde siempre podamos recurrir para recordar de cuántas maneras Él ha probado Su fidelidad y provisión.

¡Ojalá que nunca sostengamos en nuestras manos estos inmensos racimos de bendiciones de Dios, como los espías desconfiados enviados a explorar la tierra prometida, ni dudemos que Él pueda conquistar a cualquier enemigo que nos veamos llamados a enfrentar!

¿Un poquito de ayuda?

No sé qué ha hecho Dios en tu corazón a lo largo de este libro, en particular en este capítulo donde he tratado de quitar las vendas de los ojos respecto a preferir un estilo de vida tan fácil y natural de tomar y tan difícil de abandonar. No hay ni uno de nosotros que no haya cedido a la autocomplacencia. Todos hemos tenido nuestra dirección de correo en Cades-barnea.

Pero quiero alentarte. No tienes por qué quedarte allí. Salir no es asunto fácil, no cabe duda. Pero todos estamos en esto, mi amigo. Y hay personas en tu vida a quienes les encantaría ponerse a tu lado para ayudarte si admites qué necesita reparación, si eres sincero respecto a lo que te falta y serio en cuanto a establecer un nuevo curso hacia Canaán.

Hace poco, nos mudamos a una zona bastante rural del área de Dallas Fort Worth, que ha resultado grandiosa para que los niños tengan espacio para correr, y para que Jerry y yo disfrutemos de paz y quietud. Sin embargo, una de las cosas que nos ha costado, luego de años de vivir más cerca de la ciudad, es acostumbrarnos a no tener acceso veloz a Internet. En nuestra antigua casa lo teníamos, pero durante las primeras semanas de mudarnos a la nueva, Jerry pasó horas en el teléfono hablando con diferentes compañías tratando de ver cómo subirnos a la autopista de la información. Fue frustrante. Hasta mi tarjeta inalámbrica era una especie de operación librada al azar, según de qué lado soplara el viento, supongo.

Entonces, gracias a Dios por Rachel. Ella vive justo frente a nosotros en una casa ubicada de alguna determinada forma, de manera tal que la alta velocidad funciona a la perfección. No puedo contar las veces que le he preguntado si puedo ir a su casa y deambular por Internet haciendo uso del acceso que ella tiene. Me permite llevar mi laptop y a mi bebé Jude, y sentarme allí a la mesa de su cocina para trabajar y leer correos electrónicos. En realidad, creo que ahora hasta me espera, porque ha puesto una pequeña lámpara cerca del lugar donde suelo sentarme. Me ha abierto un lugar en su vida. Es tan agradable no hacer más que cruzar la calle y recibir un poquito de lo que tiene para ofrecer.

Puedes encontrarte en un lugar en la vida donde necesitas algo de paz y gozo de alta velocidad, sin mencionar algunos otros bienes espirituales que faltan en tu balance actual. En algún momento, los tuviste, pero últimamente, algunas cosas en tu vida se han dado vuelta y parece que no puedes ponerlas en su lugar como solías hacerlo. Lo que tal vez necesites es alguien cerca a quien no le importe que lo llames y le preguntes si puedes usar un poquito de su provisión de fe y de perspectiva bíblica.

Espero que me hagas caso en esto, porque el oasis de la autocomplacencia no es lugar para quedarse. Y algunas veces, necesitamos un poquito de ayuda para salir de allí.

Hacer que Cades-barnea quede atrás y fuera de tu torrente sanguíneo vale cualquier riesgo que tengas que asumir y tiempo que debas gastar. Los frutos de las promesas de Dios están esperándote en Canaán, como también —sí, también— te espera la batalla de tu vida. Pero es mejor que tener una muerte lenta en un lugar que nunca tuvo la intención de ser otra cosa que un sitio de descanso momentáneo. A la autocomplacencia le encantaría verte allí. Tu Señor te llama a salir.

Sal de Cades y vive.

*No os acordéis de las cosas pasadas, ni traigáis a memoria las
cosas antiguas. He aquí que yo hago cosa nueva; pronto saldrá
a luz; ¿no la conoceréis? Otra vez abriré camino en el desierto,
y ríos en la soledad.*

Isaías 43:18-19

CAPÍTULO 14

A deshacerse de lo viejo

ESPERO QUE TE HAYAS SENTIDO un poquito anquilosado en el aire del oasis
luego de leer el último capítulo, que hayas sentido un sabor a estancamiento que antes no habías notado, pero que ahora parece terriblemente desagradable comparado con los aromas de la tierra prometida que está tan
sólo a un paso.

Espero que al descorrer las cortinas en nuestros alojamientos al este del
Jordán, los nuevos rayos de luz hayan revelado habitaciones que necesitan
una seria remodelación, que tienen paredes que nos piden a gritos que las
pintemos con los nuevos colores brillantes de Canaán.

Espero que estar a pocos pasos de la vida abundante haya hecho arder
tu corazón mientras el Espíritu te atrae a seguir adelante, a entrar a una
vida que rebosa de poder y plenitud espiritual.

El oasis monótono ya no da para más, ¿no es cierto?

Espero que no.

¡Con cuánto fervor oro para que siga siendo así!

Si tan sólo fuera a haber uno en un millón, ¿no querrías ser tú?

Entonces, no puedes hacer lo que siempre has hecho y esperar que te lleve en una nueva dirección. Einstein dijo que la definición de locura era esto: «hacer lo mismo una y otra vez, y esperar resultados diferentes». En realidad, la única y verdadera manera de vivir es atravesar el valle de la muerte, si así puede llamárselo. Para los primeros israelitas, esto significó tener que hacerle frente a la muerte más conmovedora de todas.

Los últimos versículos de Deuteronomio dejaron pasmada a la nación de Israel con la siguiente noticia: Moisés había muerto. Él había estado presente como líder todos los días desde que habían salido triunfantes de Egipto 40 años antes.

Tenían muchas experiencias que ligaban al embajador de Dios con el pueblo de Dios; algunas notables, otras lamentables. Sin embargo, su líder siempre había sido la esperanza de ellos para el futuro. Tenían la seguridad de que si seguían detrás de la línea de Moisés, con seguridad, algún día, esto los llevaría a la abundancia que Yahvéh les había prometido hacía mucho tiempo. Pero ahora Moisés se había ido. Y cuando murió, también murieron muchas de las esperanzas del pueblo. En realidad, su pérdida causó una angustia tan grande de una punta a la otra del campamento hebreo, que la Escritura dice: «Y lloraron los hijos de Israel a Moisés en los campos de Moab treinta días» (Deut. 34:8).

Esto puede parecer una información insignificante, pero no lo es. La tradición en los tiempos del Antiguo Testamento requería que el período oficial de duelo durara sólo unos *siete* días. Pero la muerte de Moisés no fue un suceso corriente, y el duelo por su muerte tampoco. No había sido tan sólo un hombre que los había instruido para el viaje; él era su esperanza de llegar a Canaán. ¿Cuántas veces había sido el mediador entre ellos y la ira de Dios? ¿Cuántas veces su viaje había sido más fácil porque Dios había usado a Moisés como una herramienta para obrar milagros? Todos estos años se habían sentido seguros siguiéndolo. El éxito y la supervivencia que habían experimentado en el viaje hasta ahora, le hacía pensar al pueblo que la victoria constante sólo podía lograrse mientras lo siguieran a él. Por eso, cuando murió, los 7 días se extendieron a 30; una semana llegó a ser un mes. Y pienso que nadie puede culparlos por esto.

Las grandes pérdidas requieren tiempo para recuperarse, en especial, cuando lo que has perdido es lo que te ha mantenido andando hasta ahora y esperabas que lo siguiera haciendo hasta el final. Causa un gran impacto darse cuenta de que las cosas de las cuales dependes para mantener en curso tu vida espiritual han sido suficientemente buenas hasta ahora, pero que en adelante necesitarás algo nuevo si deseas seguir avanzando.

La muerte de la esperanza de Israel no fue fácil para el pueblo. La muerte de *tu* «Moisés» tampoco lo será. Pero es un requerimiento para cualquiera que desee poner un pie en la tierra de Canaán.

De la muerte a la vida

Ya has reconocido que dejar Egipto para partir en este viaje con Dios ha implicado cortar con algunas cosas malas: pecados peligrosos, tal vez alguna relación insalubre, toda clase de obstáculos que te impedían ir hacia donde Dios te guiaba. Pero ¿qué me dices cuando el Señor te muestra que incluso algunas cosas *buenas,* cosas como Moisés, deben morir para que puedas pisar la tierra de Canaán?

Tal vez sean las comodidades, las tradiciones y las redes de seguridad de tu religión monótona. Quizá sean uno o más hábitos diarios o maneras de pensar que has desarrollado a lo largo del camino. Tal vez sea una mentalidad cuadrada como una caja respecto a tu vida devocional, un método que te ha mantenido en la Palabra, pero que no te ha hecho *crecer* en ella. No se trata de cosas *malas.* Tan sólo cosas temporales, cosas de ayer. Cosas que te sirvieron de ayuda, que hasta incluso las necesitaste para una parte del viaje, pero que no pueden llevarte el resto del camino.

Tal vez Dios te está mostrando que has puesto demasiada confianza en otra persona para que te ayude en el viaje. Por ejemplo, pensabas que finalmente habías encontrado una iglesia donde sabían cómo adorar a Dios como siempre soñaste que debía ser. El pastor enseñaba la Palabra con una pasión que hacía que nunca quisieras perderte un domingo. Hasta se te ha conocido por acomodar los planes para las vacaciones para no estar afuera el fin de semana. No querías perderte lo que tenía para decir. Parecía el cielo en la tierra. Crecías a pasos agigantados. Pero entonces, el pastor admitió alguna clase de fracaso moral que sacudió tu fe en él y luego en Dios. Descubriste que no era el hombre que habías imaginado. Pensaste que esta persona te ayudaría y te guiaría a la vida abundante. Habías puesto tu confianza en un ser humano en lugar de ponerla en Dios. Ahora este amado pastor ha quedado fuera de tu rutina semanal y el vacío inesperado en tu vida te ha devastado.

Pérdidas como estas te lastiman. No se dejan atrás por la tarde y se olvidan por la mañana. Necesitas tiempo para hacer duelo, tal como le sucedió a Israel. Es probable que ellos hayan pensado que habían perdido la tierra prometida para siempre, ahora que Moisés no estaba. Habían puesto su esperanza en este hombre. ¿Cómo podían seguir adelante sin él? Imposible. Prácticamente, no concebían un futuro que no lo incluyera. Si de repente se les quitaba de la ecuación al líder de tanto tiempo, todo parecía desequilibrarse.

Sin embargo, Dios hará esto algunas veces, cuando sabe que lo necesitamos. Alterará la manera estándar en que hemos vivido y practicado nuestra fe cristiana, las cosas en las que sutil y secretamente hemos puesto nuestra confianza, aquello que nos resulta cómodo, pero que no nos acerca en absoluto a Canaán.

Esto no siempre nos lleva a una completa revisión de nuestras vidas. No es que todo lo que hayamos pensado, hecho o creído haya estado mal, como si todo lo que hubiéramos vivido hasta el momento hubiera sido un error total. Pero como somos propensos a vagar —como tendemos a la idolatría en lugar de a una búsqueda pura, profunda y apasionada de Dios—, Él nos guiará para que ajustemos nuestras expectativas a lo que significa vivir con Él. Hará cosas que nos ayuden a recordar que somos «ministros competentes de un nuevo pacto, no de la letra, sino del espíritu, porque la letra mata, mas el espíritu vivifica». (2 Cor. 3:6). Permitirá la muerte de algo, aunque sea algo en apariencia tan inocente como nuestra rutina matinal, nuestras costumbres para conducir o lo que hacemos durante la hora del almuerzo, para que podamos dar nuevos pasos osados hacia la vida abundante.

Moisés debe darle lugar a Josué.

Quiero que veas a estos dos hombres de Dios, no sólo como dos individuos, sino como representantes de dos clases diferentes de expectativas y maneras de pensar: dos estilos de vida que describen el enfoque que una persona le da a su camino y la forma de transitarlo. Y la vida al estilo Moisés, aunque efectiva en muchos sentidos y apropiada para ciertos momentos de la vida, requiere ajustes si una persona espera escapar del oasis y abrazar la verdadera leche y miel. La vida al estilo Moisés puede llevarte parte del camino, pero algunas cosas deben dejarse atrás si esperas seguir adelante. Para gustar la abundancia a diario, tú y yo necesitamos más una vida al estilo Josué.

Basta es basta

Te advierto que la pérdida de algunos de estos hábitos y puntos de comodidad de larga data —algunas de estas «muertes» que deben producirse— dolerán durante algún tiempo. Hasta es probable que su ausencia se sienta durante más de lo que esperas. Esto no tiene nada de malo. En el caso de Israel, la muerte de Moisés hizo que hicieran duelo durante un extenso período. Siete días no bastaron.

Pero llega el momento en que basta es basta.

«… así se cumplieron los días del lloro y del luto de Moisés» (Deut. 34:8).

Llega el instante en que debes tomar la decisión deliberada de avanzar, cuando necesitas recuperar lo que perdiste en el oasis y en el tiempo que pasaste al este del Jordán. Llega un momento cuando el mejor consejo que pueden darte es que te recuperes y sigas adelante. Aunque todos necesitamos tiempo para sanar, no podemos permitir que el luto saludable se convierta en un ensimismamiento perjudicial.

Verás, el luto en el antiguo Israel no era tan sólo un tiempo de llanto. Incluía una serie de rituales culturales que ayudaban a los antiguos a lamentar y llorar la muerte de alguien. Por ejemplo, se rasgaban las vestiduras, se vestían con una especie de arpillera, se sentaban sobre cenizas, se afeitaban la cabeza y permanecían sentados durante largos períodos en silencio. Los israelitas más ricos llegaban al punto de contratar a profesionales del duelo para que los ayudaran con la tarea que tenían frente a sí.

Entonces, cuando el tiempo del luto llegaba a su fin, quería decir que decidían dejar de participar en el *acto* de lamento. Y en algún momento, como los hijos de Israel, nosotros también debemos decidir dejar de participar en actos de duelo. No quiere decir que nuestros corazones ya no estén tristes ni que los ojos no se nos llenen de lágrimas. Tan sólo significa que hemos dejado de actuar de un modo que nos mantiene concentrados en lo que hemos perdido o dejado atrás.

No me resulta fácil sugerírtelo, porque para mí tampoco es sencillo. Dejar de *actuar* con tristeza cuando me *siento* triste es difícil. Me gusta seguir hablando sobre los detalles de mis sentimientos heridos con mis amigas por teléfono y repasar los hechos en mi mente, estancada en los sacrificios que he hecho (o que me han obligado a hacer). Pero en algún momento, el duelo ya no es apropiado. Debemos seguir adelante. Es el amanecer de un nuevo día. Siempre amanece cuando Dios nos lleva hacia la tierra prometida.

Inmediatamente después del estado de ánimo que muestra el final de Deuteronomio 34:8, estas palabras marcan el comienzo del versículo 9, como un suspiro profundo, un pañuelo de papel, un rocío de agua fresca en sus rostros:

«Entonces Josué...» (BAD).

Si sus ojos todavía hubieran estado llenos de las lágrimas del versículo 8, su visión borrosa no les hubiera permitido ver el regalo descrito en el versículo 9. Por más cercanos a Moisés y cómodos que se hubieran sentido con él, Dios le estaba dando a este pueblo un nuevo líder. No sólo un nuevo líder, sino un nuevo paradigma de arrojo a seguir. Como Dios no le había permitido a Moisés entrar a Canaán, era claro que seguirlo a él y lo que él representaba sólo los había podido traer hasta aquí y no más. Para entrar a la tierra de la leche y de la miel, el pueblo necesitaría poner su atención y sus esperanzas en otro líder que pudiera guiarlos el resto del camino. Así es, Moisés los había guiado para salir de Egipto, había tenido el valor de estar dispuesto a implementar un plan impopular que los llevó en la dirección opuesta a Canaán, había transmitido fielmente el mensaje que Dios les dio en Sinaí y los había llevado hasta el punto donde podían tomar la tierra prometida.

Pero hasta allí había llegado. El estilo de liderazgo de Moisés, aunque fuerte y valioso, finalmente había impedido que el pueblo cruzara hacia la abundancia. Josué, por el contrario, los invitaba a hacerlo.

Así que, Dios estaba guiando a Su pueblo a imitar a un trapecista que suelta la barra a la cual ha estado sujeto y vuela libremente por el aire muy por encima del suelo del desierto. Un acto semejante hubiera sido imposible —impensable— si no hubieran sabido que alguien en quien confiaban les enviaba otra barra a la cual aferrarse. *Era Él.* Dios les estaba proveyendo el impulso preciso que necesitaban para pasar de ser viajeros en el desierto a conquistadores de Canaán.

Así es, puedes hacer duelo y seguir adelante con la cabeza en alto, mi amigo, porque cualquier cosa que hayas tenido que soltar sólo ha servido para vaciar tus manos para lo que Él está a punto de darte. Puedes descansar tranquilo junto a alguien en quien confías. Puedes olvidar y creer de todo corazón que Él te envía exactamente lo que necesitas para llevarte el resto del camino. La pérdida de Moisés puede haber sido terriblemente difícil, pero en el horizonte, hay una nueva oportunidad.

Entonces, ¿qué te pide que sueltes?

Anímate, peregrino de la tierra prometida, y deja el pasado atrás.

Viene Josué.

JOSUÉ 1:2-3

CAPÍTULO 15

Un camino nuevo y vivo

CERCA DE NUESTRA CASA HAY un estanque de pesca, de unos siete metros de profundidad, en cuyo fondo, según los rumores, vive una lubina infamemente grande que nadie ha tocado. La gente la ha visto alguna vez cerca de la superficie, así que, saben que está allí abajo. Los pescadores se han sentado durante largos períodos, con toda clase de anzuelos y señuelos para tratar de pescarla. Sin embargo, hasta ahora, este pez ha podido evitar que lo atrapen.

Hace poco, llevé a mis niños a este lugar. Teníamos alguna esperanza de poder sacar con nuestra caña al monstruo fantasma de las profundidades. Pasamos un buen día. Entre una cosa y otra, tuvieron una docena de intentos con buenos resultados, algunas percas y otros pececitos, que fueron más que suficientes para mantenerlos felices y riendo. Sin embargo, confieso que me encontré escudriñando las aguas serenas, tratando de penetrar la oscuridad, mientras me preguntaba si la legendaria y evasiva lubina alguna vez terminaría en el anzuelo de algún pescador.

Hay muchos otros peces en el estanque. Pero ninguno como *este*.

Al mirar entre los millones de hebreos dando vueltas a la entrada de la tierra prometida, nadando en la gracia y la protección de Yahvéh, tendrías que haber hecho un gran esfuerzo para encontrar uno cuya fe valiera la pena atrapar. Una rápida mirada al interior de las profundidades de las tiendas alineadas en los campamentos te hubieran dejado extremadamente desilusionado. Para encontrar a los escurridizos miembros de esta nación que tenían un espíritu diferente, que creían de verdad en Dios y que esperaban vivir algún día en la herencia que se les había prometido, hubiera sido necesario buscar un largo rato.

Sin embargo, había uno. (En realidad, dos: Josué y Caleb.) Dos en dos millones, uno de los cuales recibió la tarea de guiar al pueblo de Dios hacia la abundancia prometida.

Uno en un millón.

Pero ¿qué tenía Josué que lo convirtió en el ejemplo de cómo se supone que debe buscarse y adquirirse la vida en la tierra prometida? ¿Qué cualidades poseía que no sólo inspiraron a los hebreos a entrar finalmente a Canaán, sino que también pueden aplicarse a nosotros mientras deseamos fijar la vista en la leche y la miel? Sigamos el orden cronológico en que lo presenta la Biblia, donde se revelan una serie de características progresivas que deben marcar nuestras vidas si planeamos experimentar la vida en la tierra prometida. Recíbelas como mandamientos activos y enérgicos de parte de tu Padre que anhela verte vivir en la abundancia de Su leche y de Su miel.

1. Reafirma tu fe sin temor

La primera vez que vemos a Josué es en Éxodo 17. La mayoría de los eruditos creen que tenía cerca de 40 años en ese momento. Como todos los otros refugiados de su edad en el campamento hebreo, lo más probable es que haya pasado su juventud en las canteras de Egipto haciendo ladrillos.

No era un comandante militar entrenado en el arte de la guerra y, sin embargo, acampó en Refidim. Moisés le dijo: «Escógenos varones, y sal a pelear contra Amalec». Y fíjate en lo siguiente: «E hizo Josué como le dijo Moisés». Así nomás. No hizo preguntas. Por cierto, lo hizo con tanto valor que «deshizo a Amalec y a su pueblo a filo de espada» (vv. 9, 10, 13). Es nuestro primer encuentro con Josué y de inmediato se hace evidente que es un alma valiente y arrojada. Moisés pudo haber sido el vocero del encargo, pero Josué lo recibió como proveniente del mismo Yahvéh. Y cuando le dijeron qué debía hacer, lo hizo. Sin temor.

Josué tenía la misma edad que Moisés cuando, como un simple pastor, oyó la voz de Dios que procedía de un arbusto ardiente, desde donde lo llamó para que sacara a los hebreos de la esclavitud de Egipto. ¿Recuerdas cómo respondió Moisés a esta comisión?

«¿Qué les responderé?» (Ex. 3:13).

«¿Y si no me creen, ni escuchan mi voz?» (4:1, LBLA).

«Por favor, Señor, nunca he sido hombre elocuente, ni ayer ni en tiempos pasados, ni aun después de que has hablado a tu siervo; porque soy tardo en el habla y torpe de lengua» (4:10, LBLA).

No es precisamente la clase de respuesta que esperábamos.

Dos hombres. Ambos llamados por Dios para guiar a Su pueblo. A los dos se les pidió que libraran guerras. A ambos Dios los capacitó para que manejaran las tareas que les habían sido asignadas. Sin embargo, las similitudes cesan allí, porque sin excusa ni demora, Josué «hizo [...] como le dijo Moisés».

Esta rápida aceptación muestra algo más que una mera disposición a obedecer. Revela un valor inquebrantable frente a las circunstancias riesgosas. Tal vez, esta es la característica principal que diferencia a Moisés de Josué. Uno estaba inseguro de sí mismo y de la capacidad de Dios, en tanto que el otro nunca cuestionó nada. Uno estaba más preocupado por quién y qué tenía en contra, mientras que el otro confiaba en Aquel que estaba *a su favor*. Uno trató de evadir el deber de su llamado, porque se sentía incapaz de cumplirlo, en tanto que el otro le hizo frente de lleno a pesar de su capacidad limitada, creyendo que Dios la aprovecharía al máximo.

La primera presentación de Josué revela a un hombre que valientemente se comprometió con las tareas que Dios lo había llamado a cumplir. Moisés, en todas las obras poderosas que el Señor decidió hacer a través de él, no siempre actuó con esta misma rapidez.

En este momento, ¿Dios te está llamando a hacer algo, pero no tienes el valor para comprometerte a hacerlo? ¿Qué revelan de ti tus excusas y cómo te sientes con respecto a Dios? Para cada una de las excusas de Moisés, Dios tenía una respuesta. Llevó tiempo, pero Él le aseguró que la incapacidad humana nunca podía superar la capacidad divina para obrar a través de él y cumplir Sus propósitos. Sin embargo, qué diferente es ser una persona como Josué, que no necesita mimos ni explicaciones. Mira lo que Dios puede hacer a través de alguien que recibe Sus instrucciones no sólo en forma personal... sino sin temor.

La Escritura nos dice llanamente que el temor no proviene de Dios (2 Tim. 1:7). En realidad, una de las maneras de determinar Su voluntad para mi vida es esta: Si para discernir Su voluntad debo decidir entre dos opciones, y la única razón para sospechar de una de ellas es que me produce temor, sé que probablemente esta sea la que Él quiere que tome. Si el temor es la única razón para resistirme a seguir, por lo general, puedo suponer que el enemigo está tratando de impedirme hacer lo que el Señor quiere que haga. Estoy aprendiendo que el temor es un espíritu que da el enemigo para alejarnos de la voluntad de Dios. Siempre tratará de distorsionar el área más sensible, el lugar más tierno de tu vida, mediante el temor, porque esa área de sensibilidad y ternura es, probablemente, donde Dios quiere que experimentes la mayor victoria y a través de la cual desea producir el ministerio más efectivo. Por esta razón, el enemigo quiere detenerte haciéndote sentir miedo.

Piensa en las decisiones que debes tomar. ¿El temor es uno de los factores principales que te alejan de una respuesta o de la otra? Piensa que puede ser el intento del enemigo de impedirte cruzar el Jordán y entrar plenamente en las promesas de Dios para ti. El Señor no nos llama a hacer lo posible; nos llama (y nos equipa) para manejar lo imposible.

No temas. Abandona cualquier camino, aunque sea el más fácil, que no te lleve a la abundancia.

2. Acepta tu puesto

Fíjate con atención las tareas que se asignaron en Éxodo 17: «E hizo Josué como le dijo Moisés, peleando contra Amalec; y Moisés y Aarón y Hur subieron a la cumbre del collado» (v. 10). Da la impresión de que la asignación de tareas no era la misma para todos.

Imagina a Moisés sentado en su tienda, flanqueado por Aarón y Hur, diciéndole a Josué que escogiera los hombres para la pelea y los llevara a la batalla a riesgo de su propia vida; ni punto de comparación con lo que estos otros dos hombres tenían que hacer, que era asistir a su líder desde una posición mucho más segura y prestigiosa. En realidad, el mérito de esta increíble victoria se le adjudicaría a Aarón y a Hur, que sostuvieron las pesadas manos de Moisés cuando la batalla comenzaba a ponerse en contra de Israel, y no a la detallista planificación y al valor de Josué. Mientras este se encontraba en las trincheras ensuciándose las manos en la batalla, los otros estaban parados en lo alto de la montaña brindándole ayuda en oración a su líder.

¿Alguna vez has sentido que la tarea de Dios para ti estaba por debajo de tus habilidades o que al menos no era tan espiritual, exitosa ni visible como la de otro? ¿Alguna vez te ha parecido que los demás siempre se llevan el mérito por el trabajo que tú haces detrás de escena? Mientras miras a otros que lideran la adoración, que dan estudios bíblicos o que sirven de maneras que atraen la atención y les hacen propaganda, tú te encuentras trabajando en las trincheras, haciendo tareas mucho menos elegantes. Cambiar pañales, trabajar en equipo, ayudar a una persona anciana a comprar provisiones parecen trabajos mucho menos significativos comparados con lo que logra la «gente espiritual».

Es tan común tener esta sensación. Mi amiga Tara desea tanto trabajar en el ministerio a tiempo completo, pero hasta ahora, los únicos lugares que puede encontrar en la labor cristiana son de tipo administrativo, nada que ver con aquello para lo cual se siente más capacitada y que tanto ansía.

Bernadette se capacitó para dirigir un ministerio de educación para adultos, pero por ahora, no puede darse el lujo de renunciar a su trabajo como gerente de un restaurante.

Laura se anotó como voluntaria para la conferencia de mujeres en su iglesia. En el correo de hoy, acaba de recibir la asignación de su tarea: limpiar los baños.

Ángela ha conducido un estudio bíblico para mujeres durante doce años. Pensó que a esta altura estaría enseñando a grupos más grandes, pero todavía tiene una asistencia estable de sólo unas 25 personas.

Leigh es una madre soltera que apenas encuentra tiempo para pensar con claridad, y mucho menos para hacer algo más en la iglesia o para participar en proyectos ministeriales.

Tal vez sientas que puedes añadir tu nombre a esta lista de personas que desean más, pero que no ven la posibilidad en el contexto en que se encuentran. Pero ¿estás dispuesto —como lo estuvo Josué— a tomar el puesto que se te asigna en este momento de la vida? No estoy hablando del que puedes recibir más adelante, sino del que Dios te pone al alcance ahora. Como la vida en la tierra prometida tiene mucho que ver con conocer, aceptar y hacer la voluntad de Dios, debemos prestarle atención al ejemplo de Josué y llevar a cabo con todo nuestro corazón la tarea asignada. Él estuvo dispuesto a permanecer en su carril, a cumplir la labor que Dios le había encargado.

¿Cómo afectaría esta clase de ajuste en el estilo de vida lo que hagas en la próxima semana o más adelante? La vida abundante casi siempre está cerca de aquellos que están dispuestos a hacer bien lo que tienen justo frente a sí.

3. Adopta una disposición para quedarte solo

Cuando avanzamos en la cronología de Josué, llegamos a Números 13, el famoso relato de los doce espías que Moisés envió para investigar la flora y la fauna, y los potenciales peligros de Canaán. En un capítulo anterior, ya miramos esto a la luz de los hombres que regresaron con las rodillas temblando frente a lo que costaría la conquista. Esto se correspondía mucho más con el estilo de vida de Moisés, ese estilo de vida tranquilo del oasis, ese dar vueltas por el desierto que mantiene a la gente fuera de la tierra prometida, apenas al este de donde aguarda la abundancia de Dios.

Sólo Caleb y Josué regresaron diciendo: «Subamos luego, y tomemos posesión de ella; porque más podremos nosotros que ellos» (v. 30). Como alguien dijo: «Los diez vieron a Dios, si es que lo vieron, sólo a través de las dificultades de la situación. Estos dos hombres vieron las dificultades a través de Dios. En un caso, las dificultades minimizaron a Dios. En el otro, Dios minimizó las dificultades»[18]. Sin embargo, su informe fue minoritario y tan impopular que «toda la congregación dijo que los apedrearan», salvo que apareció la gloria del Señor y puso a cada uno en su lugar (Núm. 14:10, LBLA).

Déjame decirte que ser uno en un millón casi garantiza que algunas veces te quedarás solo. Creer lo que Dios dice no te coloca en una posición muy popular. Cuando estos dos hombres con el «espíritu diferente» se enfrentaron a dos millones de personas y se negaron a dejar su postura de confianza en que Dios era más que capaz para darles esta tierra de leche y miel, el contragolpe fue fuerte, largo e incómodo. Pero de ninguna manera, esto cambió su resolución. Se mantuvieron firmes en su fe aun cuando los demás querían borrarlos de en medio.

Hace varios años, Dios comenzó a hablarme por primera vez sobre la herencia que tenía guardada para mi vida espiritual. A medida que hacía más preguntas y recibía más respuestas, se hizo evidente que tendría que tomar algunas decisiones difíciles respecto a si estaba dispuesta a ir donde Dios me pedía que fuera, aun cuando otros no lo hicieran. Había ciertos creyentes que hacía tiempo que conocía que no aprobaban lo que estaba considerando. Mi búsqueda de una relación abundante con Dios a través de Su Espíritu me estaba llevando a un territorio inexplorado que muchos no atravesarían.

¿Qué debía hacer una buena muchacha cristiana? ¿Permanecer en un estado de autocomplacencia espiritual, apática a la voz de Dios, o poner toda mi confianza en Él, no sólo creyendo que cuidaría de mí en el viaje, sino que también se ocuparía de mis relaciones?

Todavía puede que esté muy lejos de parecerme totalmente a Josué, pero sé lo que se siente al estar en la minoría, con el llamado de Dios que te impulsa en una dirección y muchos amigos bien intencionados impulsándote hacia otro lado. No estamos aquí para ganar concursos de popularidad; estamos aquí para conquistar Canaán. Muchas mujeres que ganan el concurso de Miss Desierto no se dan cuenta de que se han conformado con una corona que no vale la pena. Los uno en un millón persiguen premios mayores. Y comprenden que quizá tengan que olvidarse de la popularidad para recibirlos.

4. Actúa de inmediato

Cuando fue un hecho que el reinado de Moisés como líder había terminado, a Josué no le llevó mucho tiempo darse cuenta de que no se trataba sólo de una promoción a un nuevo puesto. Había sido llamado por Dios a tomar Canaán, a reclamar la tierra de la promesa. En Josué 2, cuando envió un nuevo grupo de espías a cruzar la frontera y entrar en Jericó —aquellos que terminaron en la casa de Rahab—, las razones que tenía eran muy diferentes de las de sus predecesores. Esta misión no tenía como propósito evaluar una posibilidad, sino ser el medio para planear el punto de ataque inicial para comenzar la conquista. No nos sorprende, entonces, que en cuanto los agentes encubiertos regresaron, Josué se preparó para guiar al pueblo a la misión.

Y por favor, no pases por alto cuándo lo hizo. «Josué se levantó de mañana» (Jos. 3:1). La obediencia era su prioridad principal. Lo primero que tenía en la lista de ese día. Actuó *de inmediato* en respuesta a la dirección de Dios.

Me encanta que las Escrituras estén repletas de la maravillosa actividad de Dios que tenía lugar «de mañana». Cuando Abraham obedeció el pedido inconcebible de llevar a su hijo, el hijo de la promesa, al monte Moriah para sacrificarlo allí para el Señor, lo hizo de inmediato. Salió de la casa con Isaac «muy de mañana» (Gén. 22:3) para hacer lo que Dios le había mostrado.

Durante la dura prueba de los hebreos en Egipto, Dios le dio instrucciones a Moisés y le dijo: «Levántate muy de mañana» (Ex. 8:20), para decirle al gobernante pagano que dejara ir a su pueblo.

Cuando David partió de su hogar para enfrentarse con lo que sería su batalla épica contra Goliat de Gad, «se levantó David muy de mañana» (1 Sam. 17:20, LBLA) para encontrarse con el ejército de Israel.

Las mujeres que primero descubrieron que Jesús había resucitado de los muertos pudieron ser testigos de Su resurrección porque fueron a la «mañana, muy temprano» (Luc. 24:22, BAD).

Más de una vez en el libro de Josué, vemos al nuevo líder de Israel que se levantaba temprano, reunía al pueblo, y levantaba a sus soñolientos compatriotas con el llamado a ser valientes y entrar en acción. Esto es más que un mero anuncio de la importancia de encontrarnos con Dios temprano en nuestro día de 24 horas. Es un llamado para que la obediencia a Su Palabra sea una prioridad en nuestra lista de actividades y en cada proceso de toma de decisiones. Es un recordatorio para no dejar las cosas para más adelante cuando Dios nos llama, sino obedecer primero y permitir que todo lo demás se ocupe de sí mismo.

No sé qué es lo que Dios te pide que hagas en este momento: algún cambio, alguna idea osada para el ministerio que Él ha estado generando en tu corazón. Pero sí sé que, si Dios te llama a hacerlo, no se quedará aguardando para oír todas tus excusas de posponer lo que te pide, todas tus razones por las que piensas que Él espera demasiado de ti en esto, o los motivos por los cuales el mes o el año próximo serían mucho más convenientes.

¿Qué te pide Dios que hagas? ¿Lo estás haciendo?

Comienza. Hoy.

5. Hazte el propósito de obedecer sin pruebas visibles

Cuando los hijos de Israel llegaron al río Jordán —la barrera final para alcanzar Canaán—, era abril. Época de cosecha. El monte Hermón, al norte, derretía la mayor parte de su nieve invernal y hacía correr el agua de deshielo a las elevaciones más bajas. Esto había transformado la calma del Jordán en un cuerpo furioso de agua, hasta 50 veces más ancho que en otras épocas del año. En la actualidad, el Jordán parece un lugar de descanso plácido y calmo, debido a las represas modernas que se han construido. Pero cuando Israel cruzó, se parecía más al río Colorado en la estación de crecida. Si supusieron que Dios había consultado *Google Earth* antes de comenzar el viaje hacia Canaán, lo más probable es que hayan pensado que debería haber consultado el calendario antes de guiarlos hacia el Jordán. No parecía que esta fuera la mejor época del año para planear un cruce del río.

Y durante «tres días» (Jos. 3:2), los hijos de Israel se sentaron a contemplar esta situación. Pudieron verlo, oírlo, sentirlo y gustarlo. Tuvieron tres días para dejar que la realidad de este último desafío gigantesco los envolviera mientras consideraban cómo Dios llevaría a cabo este primer paso: conducir a dos millones de personas para que cruzaran esta trampa acuática mortal.

Habían oído lo sucedido en el mar Rojo. Siempre había sonado como una historia asombrosa. Siempre habían deseado haber estado allí. Pero ahora eran *sus* pies los que estaban al borde del agua. Se demandaba que *su* fe creyera lo imposible. Eran aguas profundas y embravecidas las que tenían delante, y la idea de tratar de cruzarlas con vida los asustaba a muerte.

Estoy segura de que has estado parado en la playa de tu vida y te has preguntado cómo se supone que llegarás al otro lado. Es probable que te encuentres allí en este minuto y que sientas más temor con cada día que pasa, que entrecierres los ojos para penetrar el lugar donde debes ir, que tiembles de miedo ante la idea de lo que requerirá.

Pero cuanto más profundas las aguas, mayor la oportunidad de ver el poder sobrenatural de Dios. Cuanto más furiosos los rápidos, mayor la celebración cuando Él haga un milagro que te ayude a lograr lo inimaginable. Cuando te enfrentas a la enormidad de un desafío imposible, quiere decir que Dios está detrás de algo aun más increíble de lo que puedes imaginar, y te pide que sigas adelante con fe, aunque parezca imposible.

Hace más de 30 años, mi padre pastoreaba nuestra iglesia de unos 100 miembros. Apenas había suficiente dinero en el presupuesto y en el plato de la ofrenda para cubrir el costo de las expensas comunes; ni hablar de nada extra. Pero papá estaba convencido de que Dios llamaba a la iglesia a adquirir un terreno en particular, el sitio ideal para nuestro futuro santuario y centro educativo.

Un día, como demostración física de su fe en el testimonio que Dios le había dado, mi padre se puso calzado deportivo, y caminó de un lado al otro por el lugar que sentía que el Señor les daría. Hablaba con Él al dar cada paso, asegurándose de plantar sus pies sobre cada parte de la propiedad que creía que le había prometido.

En la actualidad, la iglesia *Oak Cliff Bible Fellowship* sirve a nuestra comunidad desde esos 1000 m² de tierra sobre los cuales mi padre caminó décadas atrás. Allí no sólo se levanta un hermoso santuario y un complejo educativo, sino también un centro juvenil, una escuela elemental y media, un centro comunitario y otro de atención para embarazadas, todo porque un hombre oyó a Dios, le creyó y luego, osadamente, caminó hacia el lugar que Él le había prometido.

Pienso que, con certeza, podemos concluir que Josué tenía tanta idea de cómo hacer cruzar a dos millones de israelitas por un río crecido, para hacerlos entrar en la tierra que Dios le había dicho que habitaran y conquistaran, como la que tenía mi padre respecto a guiar a nuestra iglesia a la propiedad que el Señor le había indicado. Sin embargo, Josué tomó la palabra de Dios al pie de la letra. Empacó las cosas y movilizó a esta gente 11 km desde Sitim hasta el borde del río Jordán. Él entraría. Dios lo había dicho. Entonces, planeó hacerlo.

Es importante tener en mente que Josué actuaba sobre la base de una clara palabra del Señor. Yahvéh le había dado instrucciones claras: «… levántate y pasa este Jordán, tú y todo este pueblo, a la tierra que yo les doy a los hijos de Israel» (Jos. 1:2). La clase de fe que ejerció al avanzar, a pesar de los obstáculos aparentemente insuperables, estaba fundada en una segura Palabra del Señor. En realidad, su confianza al hacerlo se basaba en la seguridad que tenía respecto a las instrucciones que Dios le había dado.

Debemos practicar para discernir la voz de Dios, de modo tal que actuemos sólo de acuerdo a lo que Él dice de verdad. No hay nada más agotador y desalentador que blandir nuestro arrojo espiritual basados en nuestros mejores cálculos. Tú y yo no podemos decidir lo que queremos que Dios haga, actuar según ese deseo y luego frustrarnos cuando Él no responde. Debemos esperar para oírlo, permanecer fieles a los principios de la Escritura y luego, seguir Su guía. Esto es caminar en el Espíritu.

Y este es el paradigma marcado por Josué para todos los que deseamos ser «uno en un millón» y cruzar a la vida en la tierra prometida. Él vio las mismas aguas revueltas que vieron todos los demás aquella mañana en Gilgal (el lugar donde Israel cruzó el Jordán). Pero al haber oído el mandamiento de Dios de avanzar, no permitió que ni siquiera un obstáculo exorbitante como este lo detuviera. Con sólo la Palabra de Dios que le decía que había una manera de hacer cruzar a dos millones de personas por este río Jordán, puso toda su confianza en el Señor. No esperes entrar en la abundancia sin depender de esa clase de fe.

6. Reconoce la presencia de Dios

Mi esposo tiene en su auto uno de esos sistemas de GPS para ayudarlo a resolver cómo llegar a cualquier lugar que necesite ir. Lo único que hace es marcar la dirección donde desea ir y esta pequeña unidad está diseñada para calcular una serie de instrucciones. Es probable que yo sea un poquito anticuada en este sentido, pero prefiero llamar por teléfono a la gente que vive o trabaja en el lugar al cual trato de ir y dejar que ellos me digan la manera mejor, más rápida y más conveniente de llegar. Con seguridad, ellos saben más que cualquier maquinita. Pero mi esposo no piensa así. Y por lo general, por fortuna, su pequeño dispositivo cumple su función.

Por lo general.

Recuerdo un día que volé a Mississippi con él para asistir a un compromiso donde yo debía hablar. No sabíamos con exactitud cómo encontrar la iglesia que nos había llamado, pero Jerry había llevado consigo su GPS. Y como si esto no fuera suficiente, el auto que alquilamos en el aeropuerto también tenía uno. Entonces, para estar más seguros —o tal vez como una reacción natural por disponer de tanta tecnología en nuestras manos— él programó los dos sistemas de GPS para comparar sus conclusiones. (Por favor.)

Tres horas después, ninguna unidad había podido llevarnos al punto B ni a ningún otro lugar cerca. Lo único que me contenía en el asiento era el poder del Espíritu Santo que me refrenaba. Si mi esposo no tomaba en corto plazo otra maravilla tecnológica, su teléfono celular, yo le causaría daño físico a alguien o a algo.

Cuando finalmente accedió a llamar a la persona que debíamos contactar en la iglesia, pude oír su compasiva voz que salía clara y sonora a través del receptor: «Ah, ¡qué pena que no me llamaron antes!». (¡Vaya sorpresa!) «Aquí donde estamos, tenemos algunos caminos que todavía no se han pavimentado. Los sistemas de GPS aún no los han incorporado. Somos los únicos que sabemos dónde están».

¿Qué pasa con los hombres y las direcciones? Algunos han sugerido, con humor, pero con algo de verdad, que los israelitas vagaron tanto tiempo por el desierto porque Moisés era demasiado testarudo como para preguntarle a alguien.

Pero Josué no.

Sabía que 40 años eran demasiado tiempo para que alguien estuviera perdido. Y ahora que se encontraba en el asiento del conductor, decidió que harían lo que tendrían que haber hecho desde un principio: poner su confianza en Alguien que ya había estado aquí y transitar este camino. En lugar de continuar confiando en sus propios recursos, Josué estaba listo para reconocer que las indicaciones de Dios eran mucho más confiables que las de los hombres. Sabiamente, le explicó al pueblo por qué: «por cuanto vosotros no habéis pasado antes de ahora por este camino» (Jos. 3:4). Lo mejor era dejar de perder el tiempo y seguir a Alguien que conocía el camino por aquellos pagos. «… pero yo y mi casa» (Jos. 24:15), Josué seguía a su Señor.

Esto les dijo a sus oficiales que le transmitieran al pueblo mientras estaban parados junto al borde de las aguas: «Cuando veáis el arca del pacto del Señor vuestro Dios y a los sacerdotes levitas llevándola, partiréis de vuestro lugar y la seguiréis» (Jos. 3:3). Este era un principio tan importante para Josué, que el arca del pacto (la representación de la presencia de Dios) se menciona hasta diez veces en este tercer capítulo solo. En otras palabras, donde Dios vaya, allí deben ir. Pero si Dios no va, nosotros tampoco vamos. Josué no dijo: «Soy el líder. Síganme». Dijo: «Dios es el líder. Síganlo a Él».

Si vamos a cruzar y vivir en la abundancia que la muerte de Cristo nos permite poseer, debemos mantener nuestros ojos bien abiertos ante la presencia y la actividad de Dios, y luego, seguirlo firmemente. Debemos pedirle que nos haga más conscientes de Su presencia, que agudice nuestra sensibilidad espiritual para que, así como nuestros cinco sentidos físicos captan imágenes y sonidos en el mundo natural, nuestros sentidos espirituales puedan percibir el movimiento de Dios en el mundo espiritual. Dios se mueve, y cuando reconocemos Su actividad a nuestro alrededor, es una invitación a incorporarnos a lo que Él está haciendo.

Esto es lo que Jesús hizo durante Su ministerio en la tierra. Imagina cuántas buenas cosas dejó de lado para hacer «solamente lo que ve que su padre hace» (Juan 5:19, NVI). Jesús sabía lo que tú y yo debemos aprender: no todas las cosas buenas son de Dios, y no hay *nada* que valga la pena hacer si no es lo que Él desea. Lo que me asombra de la vida de Jesús sobre la tierra es que no sólo hizo la voluntad del Padre; hizo la voluntad del Padre... ¡y nada más!

¿Puedo ser sincera? Estoy interesada en hacer la voluntad de Dios, pero muchas veces estoy demasiado cansada como para emprenderla, porque otras cosas buenas me han estado preocupando. ¿A ti también te sucede? Cuando nos ocupamos de hacer todo lo demás en el camino, nuestra energía se consume, física, emocional, mental y espiritualmente. Por lo tanto, cuando por fin entendemos hacia dónde nos guía Dios, estamos tan exhaustos por todo lo demás que no nos queda mucha energía para cumplir con aquello en lo que deberíamos estar concentrados.

Josué estaba harto de ceder al temor, de andar en círculos y de perseguir distracciones. Estaba cansado de esforzarse todos los días y encontrarse con que no se había acercado en absoluto a Canaán. Era hora de ir donde Dios los estaba guiando y a ningún otro lugar. Basta era basta. Basta de tareas paralelas. Basta de elementos de disuasión. Basta de pérdidas de tiempo. Él buscaba a Dios, y lo seguía a Él y sólo a Él.

Era esa clase de líder. Nosotros debemos ser esa clase de gente.

7. Anticipa los milagros de Dios

Josué hablaba en serio cuando se refería a obedecer de inmediato, y era un líder confiado y sin temor. Aceptó sin excusas ni frustración la tarea que Dios le asignó y buscó Su presencia como la única orden de marcha. Pero no sólo eso; también era un hombre que anticipaba los milagros de Dios, que esperaba lo inesperado. Mientras guiaba al pueblo hacia donde el Jordán rugía contra sus márgenes, hubiera tenido sentido decir: «Afilen las espadas» o «preparen sus escudos»; pero en cambio, les dijo: «Consagraos, porque mañana el Señor hará maravillas entre vosotros» (Jos. 3:5, LBLA).

¡Aaaah!, «maravillas», palabra que la Nueva Versión Internacional traduce como «grandes prodigios».

En esencia, le decía al pueblo de Israel que comenzara a actuar como si supiera que Dios haría algo increíble. Les dijo que se consagraran, se purificaran y se apartaran *hoy* anticipando el milagro que Dios haría *mañana*. Una cosa es cambiar la manera de vivir *luego* de que Dios divide el Jordán. Otra es hacerlo mientras las olas de tus problemas rompen a tus pies mientras estás parado en la ribera.

Se necesita fe para mirar un problema y comenzar a vivir como si Dios fuera a hacer algo espectacular en medio de él. Se necesita fe, al conocer bien la situación de tu familia o de tu matrimonio, para comenzar a caminar con paciente confianza en que Dios no ha reconocido la derrota en tu vida. Se necesita fe para mirar un obstáculo que es más profundo y más ruin que todo el valor que puedas reunir, y, a pesar de todo, estar completamente seguro de que el poder de Dios es más que suficiente para quitarlo del camino.

La mujer que fundó la hermandad femenina de estudiantes en la universidad donde asistí fue una persona que me demostró este principio y me dejó una huella indeleble. Recuerdo una época en que se encontraba en medio de una profunda lucha financiera, pero confiaba en que Dios aumentaría su ingreso en el trabajo. Luego de mucha oración, después de un importante tiempo de escuchar para recibir Su dirección, creyó que Dios respondería su pedido. Entonces, comenzó a diezmar acorde a la cantidad que esperaba recibir, ¡antes de que el dinero estuviera en sus manos! Sabía que su milagro estaba en camino.

En aquel momento yo era estudiante de segundo año, y estaba asombrada ante el arrojo de su fe. Es decir, ¿qué clase de corazón obediente le da dinero al Señor que Él todavía no ha provisto, creyendo que lo proveerá? Pero Dios veía su corazón, conocía su disposición para seguirlo y le abrió los oídos para oír una palabra segura de Su parte respecto a sus finanzas. Entonces, ella actuó por fe *antes* de ver a Dios moverse.

Te aliento hoy a que comiences a actuar como si Dios ya estuviera haciendo grandes cosas. Cosas maravillosas. «Grandes prodigios». En lugar de esperar para responder posteriormente, en un momento más conveniente, avanza y comienza el preembarco. «Conságrate» empacando todas tus pasiones dentro de una pura obediencia a Dios y Su Palabra. Entonces, verás la sensación que produce Canaán cuando Él te permite hundir las sandalias en ese suelo.

Los terribles gigantes y el informe de una minoría había sido el viejo método de los israelitas para manejar las dificultades. El método de Moisés. Los había mantenido con vida, pero a expensas de vivir fuera de los límites de la experiencia de la tierra prometida. Ahora, Josué les había presentado un nuevo paradigma.

1. Reafirmen su fe sin temor
2. Acepten su puesto
3. Adopten una disposición para quedarse solos
4. Actúen de inmediato
5. Háganse el propósito de obedecer sin pruebas visibles

6. Reconozcan la presencia de Dios

7. Anticipen los milagros de Dios

Y en cuestión de horas, las primeras huellas se verían impresas en el suelo de la tierra prometida, aunque fuera necesario un milagro como el del mar Rojo en medio del río Jordán.

El cruce al otro lado

Josué entregó la palabra, la que había oído del Señor, la que hacía que esta odisea de 40 años pareciera, por fin, estar a punto de terminar en triunfo. Al fin los llevaría al lugar que habían tenido como objetivo todo este tiempo. Luego de décadas de dar vueltas, los hijos de Israel estaban a punto de caminar milagrosamente en línea recta hacia la tierra prometida.

El pueblo se levantó aquella mañana lleno de expectativa, sacó a todas las familias de las tiendas y se acercó a los arremolinados rápidos del Jordán. Los sacerdotes que llevaban el arca de Dios bajaron a la ribera en el borde oriental del agua que era más bajo.

Al comienzo, pudo parecer que nada sucedía. Pero lo que los hijos de Israel no sabían, mientras estiraban el cuello hacia el norte, era que río arriba, Dios ya estaba obrando el milagro a favor de ellos. Aunque el rugido de la corriente seguía ahogando las conversaciones y mitigando las probabilidades de cruzar el río, «las aguas que venían de arriba se detuvieron como en un montón bien lejos de la ciudad de Adam, que está al lado de Saretán» (Jos. 3:16). En un lugar alejado de la vista, el Jordán ya comenzaba a convertirse en un lecho seco. Llevaría un poquito de tiempo hasta que el flujo de agua cesara donde se encontraban los israelitas, pero el milagro ya estaba en acción.

Tal vez no puedas ver cómo realizará Dios Sus propósitos en tu vida, aquellos que parecen lejanos e imposibles de detectar. Te has mojado los pies, pero la vida sigue desenvolviéndose como siempre, ajena a tus oraciones y a la fe que has puesto en la clara palabra de Dios para ti. Pero convéncete de que aunque Dios pueda estar obrando «bien lejos», no ha olvidado

Sus promesas. No se ha topado con un inconveniente que le impida seguir adelante. Cuando incorpores fielmente el nuevo paradigma del liderazgo de Josué a tu vida, ten la seguridad de que Él llevará a cabo los planes milagrosos que tiene para ti. Y los verás con tus propios ojos, tal como les sucedió a los hebreos cuando las olas que quedaban, privadas de su fuente de energía, desaparecieron delante de ellos como el agua que se va por una boca de tormenta.

«… las que descendían hacia el mar de Arabá, el mar Salado, fueron cortadas completamente. Y el pueblo pasó frente a Jericó. Y los sacerdotes que llevaban el arca del pacto del Señor estuvieron en tierra seca en medio del Jordán mientras que todo Israel cruzaba sobre tierra seca, hasta que todo el pueblo acabó de pasar el Jordán» (Jos. 3:16-17, LBLA).

«Todo Israel».

Del otro lado.

Lo lograron.

Y nosotros también podemos hacerlo.

Un pensamiento final

ROGER BANNISTER ERA UN CORREDOR británico especialista en pruebas de medio fondo, que soñaba con correr 1,6 kilómetros en cuatro minutos. Era algo que casi todos en el ambiente del deporte consideraban imposible, y mucho más los espectadores comunes de la multitud y de la calle. Nadie había podido hacerlo, ni siquiera el hombre más rápido del mundo. Pero luego de no lograrlo en numerosas ocasiones, incluso sin poder ganar la medalla en las Olimpíadas de 1952, el impulso y la determinación de Roger rindieron sus frutos el 6 de mayo de 1954, cuando se convirtió en el primer hombre sobre la tierra en registrar un récord de un 1,6 kilómetros en cuatro minutos en una competencia. La barrera imposible había caído. Había una persona que pudo hacerlo.

Pero en poco más de un mes, otro corredor lo había hecho. Al año, 30 hombres lo habían logrado. En la actualidad, el récord mundial para poco más de un kilómetro y medio se ha fijado en unos diecisiete segundos menos. Casi *todos* los que compiten en carreras de alto nivel pueden correr esa distancia en cuatro minutos.

Sólo hizo falta que alguien —uno en un millón— rompiera primero la barrera. Y ahora, las barreras caen todos los días.

¿Recuerdas dónde comenzó este libro, cuando a los diez años observé a alguien desde mi asiento de la iglesia que ya vivía en Canaán y tenía un testimonio para probarlo? Lo que comienza con uno —lo que comienza contigo— puede cambiar una vida, puede cambiar una generación, puede cambiar quién sabe a cuántos mediante la experiencia de la tierra prometida que estás viviendo, tal como la de aquella mujer cambió la mía. Puedes ayudar a una incontable cantidad de personas a descubrir su verdadero destino en Cristo.

Puedes ser la única persona en tu familia que haya roto la barrera, el único lo suficientemente valiente como para dejar de hacer lo que hacen todos los demás. Puedes ser el único en tu círculo pequeño de amigos que esté dispuesto a romper el código cultural y creer aquello de lo que otros sólo hablan. Hasta puedes ser la única persona en tu *iglesia* que esté cansada de dar vueltas por el desierto, que está hasta la coronilla de la aburrida vida en el oasis y que, en cambio, anda en busca de un poco de leche y miel. Es probable que se te pida que te quedes solo por un tiempo. Hasta puedes parecer un poco tonto al seguir esa arca hacia las aguas imposibles e intransitables de tu situación personal, al alabar a Dios frente a la firme resistencia de la vida a las realidades espirituales. Pero cuando Dios te lleve al otro lado —y lo hará, mi amigo, lo hará—, es probable que no estés parado solo en medio de Canaán. Otros querrán seguir a un Dios que puede hacer lo que hace en personas como tú.

Es verdad, cuando Josué y Caleb cruzaron el Jordán y miraron Canaán, no estaban solos. Había millones más rodeándolos, inspirados por su intrépida fe en Dios, orientada a buscar para sí el estilo de vida de la tierra prometida. Los uno en un millón no viven de esta manera porque les gusta ser solitarios e inconformistas. Lo hacen para ser fieles. Y al hacerlo, al romper las barreras, hacen resplandecer un contagioso rastro hacia la gloria.

Espero que esta no sea la última vez que estemos juntos de este modo. Pero tengo la suficiente confianza en la Palabra de Dios y en Su Espíritu para saber que Él nos guiará a cada uno de nosotros fielmente, incluso mientras estemos separados, liberándonos, perfeccionándonos, permitiéndonos romper las barreras para experimentar nuestro destino, ayudándonos a influir de verdad en los lugares donde vivimos.

Prometamos orar unos por otros para que podamos continuar siendo personas que rompan barreras. Busquemos personas que pueden ayudarnos a ser todo lo que Dios quiere que seamos. No deseemos otra cosa en la vida que experimentarlo a Él, oír Su voz y ser parte de la obra sobrenatural que está haciendo en nuestro medio, en nuestro tiempo.

Del banco de la iglesia al pavimento. Del hoyo de esclavos a Sinaí. Del oasis de la autocomplacencia a la tierra de la promesa.

Yo voy.

Vayamos juntos.

Vivir en la tierra prometida

ESTAS SON ALGUNAS DE LAS cosas que caracterizan el andar de alguien que está experimentando la vida abundante que Cristo ofrece. Aunque, mientras estemos en la tierra, no alcanzaremos la perfección en estas áreas, pueden y deben ser la experiencia central del creyente. Recuerda, los israelitas se enfrentaron a enemigos en cuanto cruzaron el Jordán; por tanto, la vida en la tierra prometida no es una vida sin problemas, sino que experimenta el poder y la presencia de Dios a pesar de la dificultad. Sabes que vives en la tierra de la abundancia no cuando tus circunstancias cambian, sino cuando la siguiente lista describe tu vida, aunque las circunstancias no se hayan modificado.

- Sientes la presencia del Espíritu Santo (*Efesios 1:13-14; Romanos 8:9*)

- Eres guiado por el Espíritu de Dios (*Romanos 8:14*)

- Eres capaz de reconocer y derribar fortalezas (*2 Corintios 10:4*)

- Valoras la abundancia espiritual por encima de la física (*Lucas 12:5*)

- Eres libre del estilo de vida del pecado (*Gálatas 5:1; Romanos 6:18; 1 Pedro 2:24*)

- Muestras evidencias de estar conformándote a la imagen de Cristo (*Romanos 8:29*)

- Tienes confianza en una posición de justicia delante del Padre (*Filipenses 3:9; Romanos 10:4; 2 Corintios 5:21*)

- Tienes confianza en la vida eterna (*Tito 1:2*)

- Continuamente echas tu ansiedad y preocupación sobre Dios (*1 Pedro 5:7; Filipenses 4:6*)

- Puedes dar gracias a pesar de las circunstancias difíciles (*Filipenses 4:6*)

- Te regocijas en compartir las aflicciones de Cristo (*1 Pedro 4:13; Hebreos 10:32-35*)

- Puedes soportar las pruebas (*1 Corintios 10:13*)

- Puedes sentir el consuelo y la esperanza de Dios (*2 Tesalonisenses 2:16; 2 Corintios 1:3-5*)

- Tienes confianza para acercarte a Dios (*Hebreos 7:25; Hebreos 10:19*)

- Vives como extranjero en este mundo (*1 Pedro 2:11*)

- Eres capaz de oír la voz de Dios (*Juan 10:27*)

- Puedes discernir la guía del Espíritu Santo (*Juan 16:13*)

- Crees que Dios es la fuente para suplir toda necesidad (*Filipenses 4:19*)

- Estás dispuesto a recibir los dones que da el Espíritu Santo (*1 Corintios 12:4-7*)

- Reconoces y utilizas los dones espirituales para la edificación del cuerpo de Cristo (*1 Pedro 4:10; 1 Corintios 4:7*)

- Manifiestas el fruto del Espíritu Santo en la vida diaria (*Gálatas 5:22; Salmo 92:12-14; Juan 15:5*)

- Experimentas una sensación incontenible y constante de gozo (*Juan 15:11; Salmo 16:11*)

- Experimentas una sensación incontenible y constante de paz (*Filipenses 4:7*)

- Reconoces y utilizas la armadura espiritual disponible para la batalla espiritual (*Efesios 6:10-18*)

- Deseas conocer y hacer la voluntad predeterminada de Dios (*Efesios 2:10; Salmo 40:8; Salmo 119:33*)

- Sabes que Dios puede hacer más de lo que pedimos o pensamos (*Efesios 3:20; 1 Corintios 2:9*)

- Crees en las promesas de Dios a pesar de las circunstancias (*Génesis 15:6; Génesis 22:6-14*)

- Te apropias de las promesas de Dios (*Romanos 4:21; 2 Corintios 7:1; Santiago 1:22*)

- Aceptas gustosamente todo lo que Dios te llame a hacer y sobresales al hacerlo (*Éxodo 17:8-13*)

- Hablas con osadía sobre la bondad de Dios (*Salmos 145:6; Hechos 3:1-10; Hechos 4:7-12*)

- Hablas con osadía sobre el evangelio de Jesucristo (*Romanos 1:16*)

- Vives para agradar al Señor (*2 Corintios 5:9; 1 Tesalonisenses 2:4; Hebreos 13:21*)

- Esperas ver los milagros de Dios (*Gálatas 3:5*)

- Esperas de todo corazón experimentar el poder de Dios (*1 Crónicas 29:12*)

- Sientes y reconoces la continua presencia de Dios en tu vida (*Salmo 139:7-10*)

- Te contentas con lo que tienes (*Filipenses 4:12; Hebreos 13:5*)

- Alientas a otros a vivir piadosamente (*Hebreos 10:24*)

- Confiesas los pecados y crees que son perdonados (*1 Juan 1:9*)

- Te comprometes a obedecer los mandamientos de Dios (*Salmo 1:2; Juan 14:21*)

- Valoras la conexión con el cuerpo de Cristo (*Hechos 2:46; Hebreos 10:25*)

- Buscas la unidad en el cuerpo de Cristo (*Efesios 4:2-6; Romanos 14:19*)

- Muestras el poder divino en la debilidad (*2 Corintios 12:10; 1 Corintios 2:3-5; 2 Crónicas 16:9*)

- Perdonas cuando te agravian (*Mateo 18:21-22; Colosenses 3:13*)

- Vives esperando el regreso de Cristo (*Filipenses 3:20*)

- Continúas procurando las cosas de Dios a lo largo de la vida (*Génesis 5:23-24; Salmo 119:33; Hechos 13:22*)

Notas

† Si no estás seguro de haberle entregado tu corazón a Cristo y de que tus pecados han sido perdonados, que has sido librado de la esclavitud espiritual, te insto a que permitas que este sea el día de rendirle todo a Él. El Señor ya hizo la tarea difícil: morir para pagar el precio de tus pecados en la cruz (Rom. 5:6-9) y luego resucitar para conquistar al enemigo final, la muerte (1 Cor. 15:20-22). Lo único que resta es darte cuenta de que eres pecador, que necesitas con urgencia que te rescaten (Rom. 3:23-24), y creer que Jesús es tu única esperanza de salvación (Hech. 4:11-12). Este es sólo el punto de partida de tu vida junto a Él, pero es absolutamente esencial antes de pensar en dar un paso adelante. No serás tú el que haga grandes cosas para Dios, sino que será Él quien haga grandes cosas a través de ti, un hombre o una mujer hechos santos por el sacrificio de Cristo y a quienes se les ha dado la capacidad de experimentar una comunión personal con Él (1 Jn. 3:1-3).

1. Francis Brown, Samuel Rolles Driver, and Charles Briggs, *Enhanced Brown-Driver-Briggs Hebrew and English Lexicon*, edición electrónica (Oak Habor, WA: Logos Research Systems, 2000), xiii.

2. *Quoted in Exodus: Saved for God's Glory*, Philip Graham Ryken (Wheaton, IL: Crossway, 2005), 153.

3. Iain M. Duguid, *Numbers: God's Presence in the Wilderness.* (Wheaton, IL: Crossway, 2006), 150.

4. Ibid., 148.

5. Tommy Tenney, *The God Catchers Workbook* (Nashville, TN: Thomas Nelson, 2008), 56.

6. William Lee Holliday, ed., *A Concise Hebrew and Aramaic Lexicon of the Old Testament* (Grand Rapids, MI: Eerdmans, 1972), 234. Obtenido el acceso a través de *Logos Bible Software.*

7. Ryken, *Exodus*, 380.

8. H. D. M. Spence, Joseph S. Exell, eds., *The Pulpit Commentary* (Peabody, MA: Hendrickson, 1985).

9. Ryken, *Exodus*, 419.

10. John D. Currid, *Ancient Egypt and the Old Testament* (Grand Rapids, MI: Baker Academic, 1997), 145.

11. Ryken, *Exodus*, 416.

12. Albert Lindsey, Wilderness Experiences: Practical Studies from the Book of Exodus (Grand Rapids, MI: Zondervan, 1942), 51.

13. *New American Standard Hebrew-Aramaic and Greek Dictionaries*, Logos, #3513.

14. Ryken, *Exodus*, 493.

15. Harold L. Willmington, *Willmington Book of Bible Lists*, (Carol Stream, IL: Tyndale House Publishers, 1987).

16. Cita de Sam Pascoe, ver http://www.geocitites.com/raqta24/Christ.htm.

17. John F. Walvoord, Ropb B. Zuck. *The Bible Knowledge Commentary* (Wheaton, IL: Victor Books, 1985), 1:328.

18. James Hastings, *Greater Men and Women of the Bible*, 370.